romote
odiversity!

Strengthen
Climate
Resilience!

Optimise
Cycles!

Practice
ontentment!

Zur Zukunft des Bauens

On the Future of Building

WE trans FORM

jovis

BUNDESKUNSTHALLE

Foreword

By Eva Kraus,
Director of the Bundeskunsthalle

Vorwort

Von Eva Kraus,
Intendantin der Bundeskunsthalle

We live in a closed ecosystem where material flows circulate and change, but do not multiply. Our planet's resources are limited, and the population is predicted to grow rapidly in the coming years. The interdependencies between humans and the environment, nature and technology are more evident than ever. The fact that we will soon reach the "limits to growth" was already recognised by the Club of Rome in the early 1970s.

With the moon landing more than half a century ago, we saw our planet as a whole for the first time. From outer space, it appeared not only overwhelmingly beautiful, but also surprisingly fragile. But it is not so much our planet that is in danger, it is humanity that is endangering itself by destabilising the climate. The cascade of weather-related disasters in many parts of the world is proof of this. The planet is running a fever. The scientifically calculated maximum tolerable temperature rise of 2 degrees plus will be reached in a few years.

We need to work together to push ahead driving development to stop global warming and achieve climate neutrality. In Europe, at least in the European Union, it has been understood that the necessary change is also a cultural one. In addition to technological solutions, a social change is needed, along with a multitude of small and large efforts by many, including individuals and communities, associations and institutions, municipalities and federal states, trades and industries across a wide range of disciplines – as well as us, as a cultural institution. Those working in the cultural sector and the creative industries have a special role to play in achieving an environmental and social turnaround. After all, is it not ultimately about painting a new picture? About shaping a better future?

Taking the theme of ecological sustainability, the Bundeskunsthalle is offering a wide range of insights into the most diverse cultural practices of transformation this year. With the exhibition *WEtransFORM: On the Future of Building*, we would like to address a particularly virulent topic. The building sector is responsible for a large part of the world's resource consumption, global greenhouse gas emissions and most of the waste produced. We would like to present meaningful proposals and truly effective projects from the broad field of architecture and urban development that offer hope for change. Artistic contributions, futuristic ideas and experimental approaches are just as important as established traditions, visionary utopias, speculative design, technological innovations or the use of special materials. It is often the surprisingly simple solutions to complex problems that are the most compelling.

The selected projects are concentrated in Europe for pragmatic reasons. Climate change is undoubtedly a global challenge, and a large number of its consequences are playing out in Latin America, Africa and Asia. But this does not mean that Europe has no role to play – on the contrary: there are great hopes resting on the strength of the European Community. The European Green Deal has set the ambitious goal of making Europe the

Wir leben in einem geschlossenen Ökosystem, in dem die Stoffströme zirkulieren, sich verändern, aber nicht vermehren. Die Ressourcen auf unserem Planeten sind begrenzt und für die kommenden Jahre wird eine weiterhin rasant steigende Population prognostiziert. Die ineinandergreifenden Abhängigkeiten zwischen Mensch und Umwelt, Natur und Technik sind offensichtlicher denn je. Dass die „Grenzen des Wachstums" bald erreicht sind, wurde vom Club of Rome schon Anfang der 1970er Jahre erkannt.

Mit der Mondlandung vor mehr als einem halben Jahrhundert erblickten wir erstmals unseren Planeten. Vom Weltraum aus gesehen, erschien dieser nicht nur überwältigend schön, sondern auch erstaunlich fragil. Doch weniger unsere Erde ist in Gefahr, als vielmehr die Menschheit, die sich selbst gefährdet, indem sie das Klima aus dem Gleichgewicht bringt. Die kaskadenartigen Wetterkatastrophen in vielen Regionen unserer Welt belegen das. Der Planet bekommt Fieber. Die wissenschaftlich errechneten, maximal verträglichen 2 Grad plus sind in wenigen Jahren erreicht.

Gemeinsam müssen wir eine nachhaltige Entwicklung vorantreiben, um die Erderwärmung aufzuhalten und Klimaneutralität zu erreichen. In Europa, zumindest in der Europäischen Union, hat man verstanden, dass der erforderliche Wandel auch ein kultureller ist. Neben den technologischen Lösungen bedarf es eines gesellschaftlichen Umdenkens und einer Vielzahl kleiner und großer Anstrengungen von vielen – von Einzelpersonen und Gemeinschaften, Vereinen und Institutionen, Kommunen und Ländern, Gewerken und Industrien aus den verschiedensten Disziplinen – und auch von uns als einer Kultureinrichtung. Für eine ökologisch-soziale Wende kommt den Kulturschaffenden und Kreativen eine besondere Rolle zu. Denn ist es nicht zuletzt ein neues Bild, das gezeichnet, eine bessere Zukunft, die gestaltet werden muss?

Im Themenjahr der ökologischen Nachhaltigkeit eröffnet die Bundeskunsthalle vielerlei Einblicke in die unterschiedlichsten Kulturpraktiken der Transformation. Mit der Ausstellung *WEtransFORM. Zur Zukunft des Bauens* möchten wir einen besonders virulenten Bereich adressieren. Der Bausektor ist nämlich für einen Großteil des globalen Ressourcenverbrauchs, der weltweiten Treibhausgasemissionen wie auch für mehrheitliche Anteile des Abfalls verantwortlich. So möchten wir aus dem großen Bereich der Architektur und Stadtentwicklung sinnvolle Vorschläge und tatsächlich wirksame Projekte präsentieren, die Hoffnung geben auf Veränderung. Künstlerische Beiträge, futuristische Ideen und experimentelle Herangehensweisen spielen dabei eine genauso wichtige Rolle wie überlieferte Traditionen, visionäre Utopien, spekulatives Design, technologische Innovationen oder ein besonderer Materialeinsatz. Oftmals sind es erstaunlich einfache Lösungen für komplexe Problemstellungen, die überzeugen.

Die Konzentration der ausgewählten Projekte auf Europa ist pragmatischen Gründen geschuldet. Der Klimawandel ist zweifelsohne eine globale Herausforderung und wird zu einem guten Teil in Lateinamerika, Afrika und Asien ausgetragen. Das heißt aber nicht, dass Europa keine Rolle spielt – ganz im Gegenteil: Auf der Kraft der europäischen Gemeinschaft liegt große Hoffnung. Denn mit dem

first climate-neutral continent by 2050. This is accompanied by a whole range of political regulations, but also financial incentives and economic options that present Europe as a shapeable space for action and a capable actor on the world stage. As a result of this focus on Europe, what seems to be lost in terms of global foresight is offset by a gain in concrete impact.

With this in mind – and in the spirit of democratic self-empowerment – *WEtransFORM: On the Future of Building* is aimed at a wide audience. The breadth of material on offer will certainly also be of interest to experts. The exhibition at the Bundeskunsthalle aims to provide support the expansion of networks and to create new alliances. Together with this publication, it is intended as an invitation to engage with the comprehensive tasks of transformation. After all, methods and strategies can certainly be developed to meet the challenges of the future.

There is a growing realisation that Planet Earth needs us less than we need it. If we have any hope of weathering the storm, we have little time to act. The research to stop climate change has long been available, but the political commitment has been lacking. The pressure on decision makers needs to be increased, and sometimes it helps to not employ the usual means. Creativity is always helpful in identifying new opportunities and formulating alternatives. Let's initiate the transformation – let's mobilise and get involved – for the common goal of a better future.

WEtransFORM began as a curatorial project with Martina Fineder at the Neues Museum in Nuremberg a few years ago. I would like to thank her from the bottom of my heart for her inspiration and for her extensive theoretical knowledge as well as her ongoing commitment to communicating sustainability. I am also very grateful to my colleague and co-curator at the Bundeskunsthalle, Sven Sappelt, for his great support to this exhibition – his expertise in this field is invaluable. The same goes for Angela Kesselring and Mathieu Wellner, who, together with Martina Fineder, formed the trio of advisors: thank you very much for all your input. We are very grateful to the Wuppertal Institute (incidentally, historically one of the founding members of the Club of Rome) and especially to Christa Liedtke for her scientific support and the helpful exchange on many issues – we have learned a great deal from her. The Theory of Change, the examination of the 17 Sustainable Development Goals, was tested with the Wuppertal Institute and the University of Wuppertal and applied within the framework of the network project Transform.NRW – a fruitful scientific partnership in which we are also involved with this exhibition.

European Green Deal wurde das ehrgeizige Ziel formuliert, Europa bis 2050 zum ersten klimaneutralen Kontinent zu entwickeln. Damit einher gehen eine ganze Reihe von politischen Regulierungen, aber auch finanzielle Anreize und wirtschaftliche Optionen, die Europa als gestaltbaren Handlungsraum und handlungsfähigen Akteur auf der Weltbühne erscheinen lassen. Was mit der Konzentration auf Europa an globaler Weitsicht verloren zu gehen scheint, wird durch einen Gewinn an konkreter Wirkungsmacht ausgeglichen.

Vor diesem Hintergrund – und auch im Geiste einer demokratischen Selbstermächtigung – adressiert *WEtransFORM. Zur Zukunft des Bauens* ein breites Publikum. In der Fülle des Materials werden sicher auch Expert*innen fündig. Die Ausstellung in der Bundeskunsthalle möchte Zugänge für vielfältige Gruppen eröffnen, den Ausbau von Netzwerken unterstützen und neue Allianzen stiften. Zusammen mit der vorliegenden Publikation versteht sie sich als Einladung zur Auseinandersetzung mit den umfassenden Aufgaben der Transformation und der Zukunft des Bauens. Denn es lassen sich sehr wohl Methoden und Wege erschließen, um den zukünftigen Herausforderungen gewachsen zu sein.

Es reift die Erkenntnis, dass die Erde uns weniger benötigt als wir sie. Wollen wir also nicht – wie ein Erreger nach dem Fieberschub – bald wieder verschwinden, bleibt uns nur wenig Zeit, handlungsfähig zu werden. Die Forschung wäre längst so weit, den Klimawandel aufhalten zu können, nur politisch gab es bislang kaum Anlass dazu. Der Druck auf die Entscheidungsträger*innen muss steigen und manchmal ist es hilfreich, nicht die üblichen Mittel zu nutzen. Kreativität ist immer geeignet, um neue Chancen aufzuzeigen und Alternativen zu formulieren. Läuten wir die Transformation ein – aktivieren und engagieren wir uns – für das gemeinsame Ziel einer besseren Zukunft.

WEtransFORM ist als kuratorisches Projekt schon vor einigen Jahren gemeinsam mit Martina Fineder am Neuen Museum in Nürnberg entstanden. Ihr danke ich von Herzen für die Inspiration und ihr anhaltend umfangreiches theoretisches Wissen und vermittelndes Engagement in Sachen Nachhaltigkeit. Meinem Kollegen und Co-Kurator an der Bundeskunsthalle, Sven Sappelt, bin ich zu großem Dank verpflichtet für seinen Einsatz in dieser Ausstellung – seine hohe Expertise in dem Fachbereich ist von unschätzbarem Wert. Dies gilt genauso für Angela Kesselring und Mathieu Wellner, die gemeinsam mit Martina Fineder das Berater*innentrio bildeten: vielen Dank für den großen Input. Dem Wuppertal Institut (historisch übrigens aus dem Gründungsteam des Club of Rome hervorgegangen) sind wir sehr verbunden und danken insbesondere Christa Liedtke für die wissenschaftliche Unterstützung und den hilfreichen Austausch zu verschiedenen Fragen – von ihr haben wir viel lernen dürfen. Die Theory of Change, die Prüfung auf die 17 Sustainability Development Goals wurde mit dem Wuppertal Institut und der Bergischen Universität Wuppertal erprobt und im Rahmen des Netzwerkprojekts Transform.NRW angewandt – eine fruchtbare, wissenschaftliche Partnerschaft, an der wir uns auch mit der Ausstellung beteiligen.

I would like to thank the large team at the Bundeskunsthalle for their dedicated support. In particular, Susanne Annen, our Exhibition Manager, and Josephine Herzig, our trainee, have both worked hard to make this exhibition a success. We are especially grateful to the exhibition designers, the architecture and graphics team led by Jan Knikker of the international architecture firm MVRDV in Rotterdam, for the circular exhibition concept, which is both resource-efficient and imaginative. Above all, it impresses with its playful implementation of the theme in space and images. The design team Yukiko from Berlin created the present catalogue – with a very unique referential visual design. I would like to express my sincere thanks to all my colleagues at the Bundeskunsthalle, especially those from the Exhibition Realisation, Publications, Transport and Insurance, and Education departments, who were closely involved in the project.

From the outset, we have been able to count on collegial exchange with the New European Bauhaus initiative in Brussels. In particular, we would like to thank Ruth Reichstein from the European Commission for her support.

Last but not least, I would like to thank the many participating artists, architects and designers for their great ideas and commitment, for their foresight and imagination towards crafting a sustainable built environment.

Dem großen Team an der Bundeskunsthalle danke ich sehr für seine engagierte Unterstützung. Insbesondere Susanne Annen, unserer Projektleiterin, und Josephine Herzig, die ihr Freies Soziales Jahr Kultur bei uns verbringt – beide haben sich für das Gelingen dieser Ausstellung intensiv eingesetzt. Den Gestalter*innen der Ausstellung, dem Architektur- und Grafikteam rund um Jan Knikker vom international tätigen Architekturbüro MVRDV in Rotterdam, sind wir ganz besonders dankbar für das zirkulär angelegte Ausstellungskonzept, das ressourcenschonend und ideenreich zugleich ist. Es besticht vor allem durch die spielerische Übersetzung des Themas in Raum und Bild. Das Gestalter*innenteam Yukiko aus Berlin hat den vorliegenden Katalog entworfen – mit einer ganz eigenen visuellen Gestaltung. Allen Kolleg*innen in der Bundeskunsthalle darf ich herzlich danken, besonders jenen aus den Bereichen Ausstellungsrealisation, Publikation, Transport, Versicherung und Vermittlung, die eng in das Projekt eingebunden waren.

Von Anfang an konnten wir auf das kollegiale Engagement aus Brüssel zurückgreifen. Wir danken insbesondere Ruth Reichstein von der Europäischen Kommission für ihre Unterstützung.

Last but not least danke ich den zahlreichen mitwirkenden Künstler*innen, Architekt*innen, Gestalter*innen für ihre großartigen Ideen und ihr Engagement, für ihre Weitsicht und Fantasie in Hinblick auf eine nachhaltig gebaute Umwelt.

On the Future of Building

By
Eva Kraus & Sven Sappelt

Zur Zukunft des Bauens

Von
Eva Kraus & Sven Sappelt

Previously, the climate policy goals of sustainable development in Europe could be regarded as having largely reached a consensus. However, more recently, they have taken a back seat on the world political stage. This is particularly true of autocratic governments but can also be observed in political decisions taken in Germany. To effectively counteract climate change, the process of climate-friendly transformation must be consistently pursued. For example, if CO_2 emissions continue at their current rate, we have only about 4 years left to limit global warming to 1.5 degrees.[1] This will require a major collective effort over several years.

Architecture and urban development play an important role in this context: after all, the building sector is responsible for more than a third of global resource consumption, a third of global greenho use gas emissions and half of the waste in Germany. In response to these figures, the renowned climate researcher Hans Joachim Schellnhuber launched an international debate in 2019 on a radical turnaround in the construction industry. Gradually, stakeholders have begun to question their own practices in an effort to develop sustainable solutions for architecture and urban planning within the planetary limits. Through this, numerous initiatives have emerged, such as the European Commission's New European Bauhaus in Brussels, Bauhaus Earth in Germany, Architects4Future and many more. Their common goal is a fundamental transformation of the built environment.

1 See: The Carbon Clock of the Mercator Research Institute on Global Commons and Climate Change, https://www.mcc-berlin.net/en/index.html [last accessed on 10 April 2025].

Climate Related Challenges for Architecture and Urban Development

The consequences of climate change are no longer abstract prognoses for the future, but concrete everyday realities: temperatures are rising, and extreme weather events are becoming more frequent. Rising sea levels are eroding coastlines. In Germany, we need only think of the 2023 storm surge on the Baltic coast, the 2021 flood disaster in the Ahr Valley and the devastating forest fires across Greece, Spain and Portugal.

In light of these developments, architecture and urban development are facing enormous challenges at the beginning of the 21st century. Climate change poses fundamental questions for some of modern architecture's most cherished ideas (not to mention the 20th century's most popular architectural personalities), requiring entirely new answers. What we see in the field is therefore an open search moving in diverse directions, with an interest in pre-modern and artisanal practices as well as Indigenous building methods, biological materials and innovative technologies. In some cases, this leads to surprising combinations in which several different strands are linked.

Thus, today's architectural avant-garde is not characterised by a single unifying style, but rather by a common task: to develop architectural principles and practices that respond to the challenges of climate change, minimise resource consumption, and enable comprehensively sustainable models.

Nachdem die klimapolitischen Ziele einer nachhaltigen Entwicklung in Europa schon weitgehend als Konsens betrachtet werden konnten, rücken sie auf der weltpolitischen Bühne neuerdings wieder in den Hintergrund. Das gilt primär für autokratische Regierungen, ist aber auch bei politischen Entscheidungen in Deutschland zu beobachten. Um dem Klimawandel effektiv entgegenzuwirken, muss der Prozess einer klimagerechten Transformation jedoch konsequent weiterverfolgt werden. So verbleiben beispielsweise noch rund 4 Jahre, um die Erderwärmung bei anhaltendem CO_2-Ausstoß auf 1,5 Grad zu begrenzen.[1] Um das zu schaffen, ist eine große kollektive Anstrengung über mehrere Jahre hinweg erforderlich.

Architektur und Stadtentwicklung spielen in diesem Zusammenhang eine gewichtige Rolle: Immerhin ist der Bausektor für mehr als ein Drittel des globalen Ressourcenverbrauchs, für ein Drittel der weltweiten Treibhausgasemissionen und die Hälfte des Abfalls in Deutschland verantwortlich. Aufgrund dieser Zahlen hat der renommierte Klimaforscher Hans Joachim Schellnhuber 2019 eine internationale Debatte über eine radikale Kehrtwende in der Baubranche angestoßen. Nach und nach haben sich immer mehr Akteur*innen auf den Weg gemacht, ihre eigene Praxis zu hinterfragen, um nachhaltige Lösungen für eine Architektur und Stadtplanung innerhalb der planetaren Grenzen zu entwickeln. So sind zahlreiche Initiativen wie das New European Bauhaus der Europäischen Kommission in Brüssel, das Bauhaus Erde in Deutschland, die Architects4Future u. v. m. entstanden. Gemeinsames Ziel ist eine grundlegende Transformation der gebauten Umwelt.

1 Siehe dazu: Die CO_2-Uhr der PIK-Forschungsabteilung „Klimaökonomie und Politik – MCC Berlin", auf: www.pik-potsdam.de [letzter Aufruf 10. April 2025].

Klimabedingte Herausforderungen für Architektur und Stadtentwicklung

Die Folgen des Klimawandels sind längst keine abstrakten Zukunftsprognosen mehr, sondern konkrete Alltagsrealitäten: Die Temperaturen steigen und Extremwetterereignisse häufen sich. Ansteigende Meeresspiegel lassen Küsten erodieren. Man denke in Deutschland nur an die Sturmflut an der Ostseeküste 2023, die Flutkatastrophe im Ahrtal 2021 oder die verheerenden Waldbrände in Griechenland, Spanien und Portugal.

Angesichts dieser Entwicklungen stehen Architektur und Stadtentwicklung zu Beginn des 21. Jahrhunderts vor gewaltigen Herausforderungen, die so manche lieb gewonnene Vorstellung von moderner Architektur und populären Architektenpersönlichkeiten des 20. Jahrhunderts grundlegend infrage stellen und neue Antworten erforderlich machen. Im Feld ist deshalb eine offene Suchbewegung in vielfältige Richtungen zu beobachten. Sie interessiert sich für vormoderne und handwerkliche Praktiken ebenso wie für indigene Bauweisen, biologische Materialien oder innovationsorientierte Technologien. Mitunter kommt es zu überraschenden Kombinationen, wenn verschiedene Stränge miteinander verknüpft werden.

Damit zeichnet sich die Architekturavantgarde der Gegenwart gerade nicht durch einen verbindenden Stil aus, sondern eher durch eine gemeinsame Aufgabe: architektonische Prinzipien und Praktiken zu entwickeln, die den Herausforderungen des Klimawandels gerecht werden, den Ressourcenverbrauch minimieren und umfassend nachhaltige Modelle ermöglichen. In den Blick rücken systemische

The focus is shifting to systemic relationships of construction, with further questions about raw material extraction, material transport, energy consumption, life cycles, recycling and much more. In some cases, construction itself even takes a back seat.

Climate Protection and Climate Adaptation

Whether or not we welcome such a development is not up for debate. On the contrary, climate change is creating ever greater pressure to adapt, which we cannot ignore in the long term without consequences.

This opens up two major strategic fields of action for architecture and urban development: first, with regard to the goal of slowing climate change and perhaps limiting global warming to 1.5 degrees. And second, with regard to adapting our living spaces to the new realities of higher temperatures, heavy precipitation and extreme weather events.

Such adaptations to strengthen climate resilience can still be achieved relatively easily with the help of all kinds of technical measures, such as unsealing soil, greening surfaces, reforesting mixed forests, storing rainwater, securing riverbanks and much more. However, the fundamental restructuring of the construction industry is a societal task that depends on the willingness to change as well as the creative will of many stakeholders from different sectors: from architects and urban planners to real estate developers and financial investors, to administrators and politicians, not to mention raw material suppliers, the manufacturing industry and, last but not least, residents. Despite a certain amount of optimism, the industry is proving to be unwieldy, and for good reason. All too often there are disputes over different objectives, with financial interests often narrowing the horizon to prioritise short-term profit prospects. Social grievances, such as housing shortages or high rents, are also used to dilute demands for sustainable solutions. In the end, the construction sector has fallen far short of the targets set by policymakers in recent years.

The Renewal of the Construction Sector

The fact that the construction industry, with all its stakeholders, is responsible for large amounts of resource consumption, CO_2 emissions and other waste masses also makes it a powerful player in terms of leveraging positive change. The key question is therefore how to steer this big tanker – or even a swarm of many small initiatives – in the right direction. In addition to political regulations, economic incentives and technical solutions, there are communicative, creative and aesthetic issues at stake here. Innovation always means saying goodbye to old habits. This can be experienced as a new beginning or a form of liberation – but also as uncertainty and threat. This is why it is important to communicate the importance of change well, to take reservations seriously, to promote acceptance, to consciously control change's implementation and, above all, to present an attractive goal: because ultimately it must be clear why all the effort is

Zusammenhänge des Bauens mit weiterführenden Fragen nach Rohstoffgewinnung, Materialtransport, Energieverbrauch, Lebenszyklen, Wiederverwertung u. v. m. Das Bauen selbst rückt mitunter sogar in den Hintergrund.

Klimaschutz und Klimaanpassung

Ob man eine solche Entwicklung begrüßen mag oder nicht, steht dabei gar nicht zur Diskussion. Im Gegenteil, die klimatischen Veränderungen erzeugen einen immer größeren Anpassungsdruck, dem wir uns auf Dauer nicht ohne Konsequenzen verschließen können.

Für Architektur und Stadtentwicklung eröffnen sich damit zwei große strategische Handlungsfelder: erstens in Hinblick auf das Ziel, den Klimawandel zu verlangsamen und vielleicht doch noch auf 1,5 Grad zu begrenzen. Zweitens in Hinblick auf das Ziel, unsere Lebensräume an die neuen Realitäten von höheren Temperaturen, Starkregen und Extremwetterereignissen anzupassen.

Anpassungen zur Stärkung der Klimaresilienz dürften mithilfe von allerlei technischen Maßnahmen vergleichsweise einfach zu bewerkstelligen sein, etwa durch Entsiegelung von Böden, die Begrünung von Flächen, die Aufforstung von Mischwäldern, das Speichern von Regenwasser, die Sicherung von Ufern und vielem mehr. Der grundlegende Umbau der bestehenden Bauwirtschaft hingegen ist eine gesellschaftliche Aufgabe, die auf die Veränderungsbereitschaft und den Gestaltungswillen von sehr vielen Beteiligten aus verschiedenen Bereichen angewiesen ist: von Architektur und Stadtplanung über Immobilienentwicklung und Kapitalmarkt bis hin zu Verwaltung und Politik – nicht zu vergessen die Rohstofflieferanten, das verarbeitende Gewerbe und natürlich die Bewohner*innen. Trotz einer gewissen Aufbruchstimmung erweist sich die Branche deshalb nicht grundlos als schwerfällig. Zu oft wird über unterschiedliche Ziele gestritten, wobei nicht selten finanzielle Interessen den Horizont auf kurzfristige Gewinnaussichten verengen. Aber auch soziale Missstände wie Wohnungsnot oder Mietpreisüberhöhung werden ins Feld geführt, um die Anforderungen an nachhaltige Lösungen aufzuweichen. Am Ende blieb der Bausektor in den letzten Jahren weit hinter den politisch gesetzten Zielen zurück.

Die Erneuerung des Bausektors

Dass die Baubranche mit all ihren Beteiligten für einen enormen Ressourcenverbrauch, hohe CO_2-Emissionen und große Abfallmassen verantwortlich ist, bedeutet aber auch, dass sie einen mächtigen Hebel darstellt, mit dem sich viel Positives bewegen ließe. Die zentrale Frage lautet deshalb, wie dieser große Tanker – oder auch Schwarm aus vielen kleinen Initiativen – auf den richtigen Kurs gebracht werden kann. Neben politischen Regulierungen, wirtschaftlichen Anreizen und technischen Lösungen geht es dabei auch um kommunikative, gestalterische und ästhetische Fragen. Innovation bedeutet immer auch, dass man sich von alten Gewohnheiten verabschiedet. Das kann als Aufbruch und Befreiung erlebt werden – aber ebenso als Verunsicherung und Bedrohung. Deshalb ist es wichtig, den Sinn einer Veränderung gut zu vermitteln, Vorbehalte ernst zu nehmen, die Akzeptanz zu fördern, die Umsetzung bewusst zu steuern und vor allem ein attraktives Ziel vor Augen zu führen: Denn letztlich muss klar werden, warum sich die ganze Anstrengung am Ende lohnt.

worthwhile in the end. All of this requires creative skills that help us to concretise our ideas of sustainable architecture and future urban development through the help of stories, visualisations and experimental buildings. In addition to arguments, it is always a matter of sensory experiences and emotions, as well as personal experiences – such as well-being or self-efficacy. In other words, if your heart isn't in it, you won't be inspired, and you certainly won't move forward.

The Curatorial Concept of the Exhibition

Against this background, the exhibition at the Bundeskunsthalle presents around 80 projects that are committed to sustainable architecture and urban development in Europe. The curatorial concept deliberately aims to cover a broad spectrum of different approaches and methods. This is because no one can say with certainty today what will actually prove to be sustainable in 30 years' time. What is needed is a plurality of building practices alongside ongoing discussion about them. In this sense, the architectural projects presented here could be described as prototypical research buildings that should lead to further improvements in open feedback loops. The thematic clusters defined for the exhibition do not represent strict categories. Rather, they convey the fundamental design principles of sustainable building in the present through exemplary projects that encourage a broader dialogue. These design principles are: Sustainable Building. Strengthen Climate Resilience. Promote Biodiversity. Practice Contentment. Revitalise the Existing Stock. Optimise Cycles. Dare to Experiment. Get Involved.

The Great Transformation as Cultural Change

In the context of a cultural institution like the Bundeskunsthalle, these central issues are examined less from a technical, economic or legal perspective than as cultural practices. This is based on the conviction that architecture and urban development are essentially cultural achievements, based on a wide range of factors including values, forms of knowledge, visions of the future, and much more. From this perspective, it would be desirable to reflect comprehensively on fundamentally existential questions, such as human habitation and the infrastructural organisation of coexistence. This has even greater relevance when thinking about how to develop a building practice able to reflect on its own dependence on planetary limits – on its relationship with nature and its responsibility towards the future of humanity. Public spaces are needed for this form of shared dialogue across many borders. Not least for this reason, the Bundeskunsthalle is the right place to reflect on the future of architecture and urban development in this cultural sense and to discuss the vision of a fundamental transformation across our built environment.

All dies bedarf gestalterischer Kompetenzen, die mithilfe von Geschichten, Visualisierungen und Experimentalbauten zur Konkretisierung unserer Vorstellung von einer nachhaltigen Architektur und Stadtentwicklung der Zukunft beitragen. Neben Argumenten geht es dabei immer auch um sinnliche Erlebnisse, Emotionen und persönliche Erfahrungen wie Wohlbefinden oder Selbstwirksamkeit. Oder anders gesagt: Wenn einem das Herz nicht aufgeht, wird man sich buchstäblich nicht begeistern lassen und schon gar nicht irgendwohin bewegen.

Das kuratorische Konzept der Ausstellung

Vor diesem Hintergrund präsentiert die Ausstellung in der Bundeskunsthalle rund 80 Projekte, die sich in Europa für nachhaltige Architektur und Stadtentwicklung engagieren. Das kuratorische Konzept zielt ganz bewusst auf ein breites Spektrum von unterschiedlichen Ansätzen und Vorgehensweisen. Auch deshalb, weil zum gegenwärtigen Zeitpunkt niemand mit Gewissheit sagen kann, was sich in 30 Jahren tatsächlich als nachhaltig erwiesen haben wird. Was es braucht, ist vielmehr eine Pluralität von baulichen Praktiken und deren kontinuierliche Diskussion. In diesem Sinne könnte man bei den präsentierten Architekturprojekten von prototypischen Forschungsbauten sprechen, die in offenen Feedbackschleifen zu weiteren Verbesserungen führen sollten. Die für die Ausstellung definierten Themencluster bilden keine strengen Kategorien. Es handelt sich eher um orientierungstiftende Gruppierungen von geistesverwandten Projekten, die grundlegende Gestaltungsprinzipien nachhaltigen Bauens der Gegenwart auf exemplarische Weise veranschaulichen. Diese Gestaltungsprinzipien lauten: Nachhaltig bauen. Klimaresilienz stärken. Biodiversität fördern. Genügsamkeit üben. Bestand revitalisieren. Kreisläufe optimieren. Experimente wagen. Aktiv werden.

Die große Transformation als kultureller Wandel

Im Kontext einer Kulturinstitution wie der Bundeskunsthalle werden diese zentralen Themen weniger aus technischer, wirtschaftlicher oder rechtlicher Perspektive beleuchtet, sondern primär als kulturelle Praktiken betrachtet. Dem zugrunde liegt die Überzeugung, dass Architektur und Stadtentwicklung im Wesentlichen kulturelle Leistungen darstellen, die auf einer ganzen Reihe von Faktoren wie Wertvorstellungen, Wissensformen, Zukunftsvisionen u. v. m. aufbauen. Aus dieser Perspektive wäre zu wünschen, dass über im Grunde existenzielle Fragen wie der menschlichen Behausung oder der infrastrukturellen Organisation des Zusammenlebens auf umfassende Weise nachgedacht wird. Dies gilt umso mehr für eine bauliche Praxis, die ihre Abhängigkeit von planetaren Grenzen, ihr Verhältnis zur Natur und ihre Verantwortung für die Zukunft der Menschheit reflektiert. Für diese Form des gemeinsamen Dialogs über vielfältige Grenzen hinweg bedarf es öffentlicher Räume. Nicht zuletzt deshalb ist die Bundeskunsthalle der richtige Ort, um über die Zukunft von Architektur und Stadtentwicklung in einem kulturellen Sinne nachzudenken und über die Vision einer grundlegenden Transformation unserer gebauten Umwelt zu diskutieren. Zu einer solchen Auseinandersetzung laden wir recht herzlich ein!

Our planet's environmental problems are actually quite easy to understand: our Spaceship Earth can be thought of as a closed system. The resources on board are limited. If we consume too many resources, emit too many greenhouse gases and produce too much waste, sooner or later the balance inside the Spaceship will tip. Living conditions will deteriorate, and more and more species will become extinct. This is why we must use what we have wisely, taking care to preserve the natural foundations of life so that future generations can live healthy and happy lives. It's really quite simple, isn't it?

Architecture and urban development play an important role in this context: the building sector is responsible for a significant proportion of resource consumption, greenhouse gas emissions and waste production. As a result, architects and urban planners are increasingly beginning to question their practices and to develop sustainable methods for building within the planetary limits.

Against this background, the exhibition at the Bundeskunsthalle presents around 80 projects in Europe that are committed to sustainable architecture and urban development. The curatorial concept aims to cover a broad spectrum of different approaches and methods. This is also because no one can say with certainty today what will actually prove to be sustainable in 30 years' time. What is needed is a plurality of building practices alongside ongoing discussion about them. The thematic clusters defined for the exhibition do not represent strict categories. Rather, they convey the fundamental design principles of sustainable building in the present through exemplary projects that encourage a broader dialogue.

For pragmatic reasons, the selection of projects is focused on Europe. Climate change is undoubtedly a global challenge whose impact will be felt largely in Asia, Africa and the Americas. But this does not mean that Europe has no role to play. On the contrary, the European Green Deal of 2020 has set the ambitious goal of making Europe the first climate-neutral continent by 2050. This is accompanied by a whole range of political regulations and economic options that present Europe as both a formable space for action and a capable actor on the world stage.

Sustainable Building? Nachhaltig bauen?

Die Umweltprobleme unseres Planeten sind eigentlich recht einfach zu verstehen: Unser Raumschiff Erde kann als ein geschlossenes System verstanden werden. Die Ressourcen an Bord sind begrenzt. Wenn wir zu viele Rohstoffe verbrauchen, Treibhausgase ausstoßen und Abfall produzieren, droht das Gleichgewicht innerhalb der Raumkapsel früher oder später zu kippen. Die Lebensbedingungen verschlechtern sich und mehr und mehr Arten sterben aus. Deshalb müssen wir mit dem, was wir haben, vernünftig haushalten und uns um den Erhalt unserer natürlichen Lebensgrundlagen kümmern. Damit auch künftige Generationen gesund und glücklich leben können. Eigentlich ganz einfach, oder?

Architektur und Stadtentwicklung spielen in diesem Zusammenhang eine gewichtige Rolle: Der Bausektor ist für einen beträchtlichen Anteil des Ressourcenverbrauchs, der Treibhausgasemissionen und der Abfallproduktion verantwortlich. Deshalb machen sich immer mehr Architekt*innen und Stadtplaner*innen auf den Weg, ihre bisherige Praxis zu hinterfragen und nachhaltige Praktiken für ein Bauen innerhalb der planetaren Grenzen zu entwickeln.

Vor diesem Hintergrund präsentiert die Ausstellung in der Bundeskunsthalle rund 80 Projekte, die sich in Europa für nachhaltige Architektur und Stadtentwicklung engagieren. Das kuratorische Konzept zielt auf ein breites Spektrum von unterschiedlichen Ansätzen und Vorgehensweisen – auch deshalb, weil zum gegenwärtigen Zeitpunkt niemand mit Gewissheit sagen kann, was sich in 30 Jahren tatsächlich als nachhaltig erwiesen haben wird. Was es braucht, ist vielmehr eine Pluralität von baulichen Praktiken und deren kontinuierliche Diskussion. Die für die Ausstellung definierten Themencluster bilden daher keine strengen Kategorien, sondern stellen grundlegende Gestaltungsprinzipien nachhaltigen Bauens der Gegenwart anhand vorbildlicher Projekte zur Diskussion.

Die Konzentration der Projektauswahl auf Europa ist pragmatischen Gründen geschuldet. Der Klimawandel ist zweifelsohne eine globale Herausforderung und wird zu einem guten Teil in Asien, Afrika und Amerika entschieden. Das heißt aber nicht, dass Europa keine Rolle spielen würde. Im Gegenteil: Mit dem European Green Deal wurde im Jahr 2020 das ehrgeizige Ziel formuliert, Europa bis 2050 zum ersten klimaneutralen Kontinent zu entwickeln. Damit einher gehen eine ganze Reihe von politischen Regulierungen und wirtschaftlichen Optionen, die Europa gleichermaßen als gestaltbaren Handlungsraum wie handlungsfähigen Akteur auf der Weltbühne erscheinen lassen.

01

ecoLogicStudio
Tree.ONE Bonn, DE, 2025

02

AHEC / DIEZ OFFICE / OMC°C
Vert Bonn, DE, 2025

Christa Liedtke

Value Chains, Material Flows and Global Ecosystems

Wertschöpfungsketten, Stoffströme und globale Ökosysteme

Ms Liedtke, as a sustainability researcher at the Wuppertal Institute, you deal with value chains, material flows and global ecosystems. What do these terms mean?

When the first astronauts landed on the Moon and looked at the Earth from there, they could see that it was a sphere. That was already clear, but to see this sphere in the middle of this huge black background was incredibly impressive. It was immediately clear that nothing was coming in from outside, except solar energy, and nothing was going out. Mass, area, materials are limited on Earth. Therefore, we have to make do with what we have.

When I understand this, I can see very clearly the effects of extracting, processing and disposing of raw materials. And if I can understand these material flows, then I have an idea of how complex the whole system is and I can recognise that I should intervene very carefully and preventively.

We know we *can* intervene because we have been living in this system for thousands of years. But now there are so many of us and we place so many demands on this ecosystem – for example, on the soil and what it contains. We really need to rethink and see if we can live much more sparingly and much more intelligently. In the past it didn't seem necessary because we felt we had no limits. But now we are seeing the end, the reality of this limitation, and what our behaviour on a global scale is doing to the planet.

We take many materials from nature, such as metals, wood, cultivated foods, grains, oranges and so on. I can show this in terms of volume flows. And I can give these volume flows different colours. An orange, or let's say fruit in general, gets a certain colour. The size of the arrow corresponds to the quantity that I introduce into our economic value chains – I mean from the raw material, through its processing and use – until I finally dispose of it in a landfill, incinerate it or return it to nature.

Liebe Frau Liedtke, Sie beschäftigen sich als Nachhaltigkeitsforscherin am Wuppertal Institut mit Wertschöpfungsketten, Stoffströmen und globalen Ökosystemen. Was kann man sich darunter vorstellen?

Als die ersten Astronauten auf dem Mond landeten und die Erde von dort sahen, konnten sie natürlich feststellen, dass das eine Kugel ist. Das war vorher auch schon klar, aber diese Kugel inmitten dieses riesigen schwarzen Hintergrunds zu sehen, war wahnsinnig beeindruckend. Damit war sofort klar, dass da nichts von außen hinzukommt außer Sonnenenergie und auch nichts rausgeht. Masse, Fläche, Materialien sind begrenzt auf der Erde. Daher müssen wir damit auskommen, was wir haben.

Wenn ich das verstehe, kann ich sehr gut beobachten, was die Entnahme, Verarbeitung und Entsorgung von Rohstoffen machen. Und wenn ich diese Stoffströme nachvollziehen kann, habe ich eine Vorstellung davon, wie komplex das ganze System ist und dass ich sehr bedacht und vorsorgend eingreifen sollte.

Dass wir eingreifen können, wissen wir ja, weil wir seit Jahrtausenden in diesem System leben. Inzwischen sind wir aber sehr viele geworden und haben sehr viele Anforderungen an dieses Ökosystem, etwa an die Böden und deren Inhalte, sodass wir nun wirklich dringend nachjustieren und schauen müssen, ob wir das nicht wesentlich sparsamer und wesentlich intelligenter machen können. Das schien bisher nicht so notwendig zu sein, weil man das Gefühl hatte, wir haben Ressourcen ohne Ende. Aber jetzt sehen wir das Ende, diese Begrenztheit, und was unser Verhalten im globalen Maßstab mit der Erde macht.

Wir entnehmen aus der Natur viele Materialien wie Metalle, Holz, angebaute Lebensmittel, Getreide, Orangen usw. Das kann ich in Mengenströmen darstellen. Diesen Mengenströmen kann ich unterschiedliche Farben geben. Dann bekommt

It's quite fascinating to see how it all comes together. Then you can really understand the masses of raw material that we move. Even the metals we put into laptops. Or houses, roads, asphalt, etc. You can see which uses are short-lived and which ones generate large amounts of waste. Or you can see that in Europe we recycle less than 15 per cent of what we use. With this information, I can then ask how many services I get out of 1 tonne of nature. This would give us a great deal of leverage to focus on reducing resources and maximising utility. Then I can ask why we were so foolish to do things the way we did in the past, and how we can do better in the future.

These are the basic principles. Once I have internalised them, at least I have a sense of how such a system works. And that can help us regain control. It really is that simple.

eine Orange, oder sagen wir mal Obst insgesamt, eine bestimmte Farbe. Die Größe des Pfeils entspricht der Menge, die ich in unsere wirtschaftlichen Wertschöpfungsketten hineinführe – vom Ausgangsmaterial über die Verarbeitung und Verwertung –, bis ich sie am Ende deponiere, verbrenne oder wieder in die Natur zurückführe.

Zu sehen, wie das alles ineinanderfließt, ist sehr faszinierend. Dann versteht man wirklich, was wir an Massen bewegen. Auch die Metalle, die wir in Laptops einbauen. Oder eben Häuser, Straßen, Asphalt usw. Man sieht, welche Nutzungen kurzlebig sind und welche große Abfallmassen erzeugen. Oder dass wir in Europa weniger als 15 Prozent dessen, was wir nutzen, in Kreisläufe zurückführen. Wenn ich das weiß, kann ich fragen, wie viele Dienstleistungen ich aus einer Tonne Natur heraushole. Damit hätten wir einen großen Hebel, mit dem man die Ressourcenreduzierung und Nutzenmaximierung in den Mittelpunkt stellen kann. Dann kann ich fragen, warum wir so dumm waren, es so zu machen wie bisher, und wie wir es künftig besser machen können.

Das sind die Grundprinzipien. Wenn ich die verinnerlicht habe, dann habe ich zumindest ein Gefühl, wie so ein System funktioniert. Und das kann uns helfen, die Kontrolle wiederzubekommen. So einfach ist das eigentlich.

Martina Fineder

Socio-Ecological Tendencies in Design

Sozial-ökologische Tendenzen im Design

Ms Fineder, how has the pursuit of sustainability changed our understanding of design?

Sustainability has become an important focus in design education. From the perspective of ecological sustainability, recyclability and repairability have become important aspects in product development. And so, too, has the interaction with material developers. An increasing number of design schools now have their own material laboratories. The use of intelligent construction techniques to reduce materials and energy is also becoming increasingly relevant to reducing our ecological footprint. We need to continue to work on communicating systems knowledge: how is it all connected, our material life with the social and natural limits of our planet?

The most obvious change I see is a new social awareness in the field of design. New courses of study are emerging that call for sustainable design in the sphere of social interaction. The keywords or titles of these courses are, for example, things like "social design" or "public interest design". The focus ranges from thinking about a more socially equitable design of public space to questions around participation in art and education, for example, and how we can make them more accessible. These are key design issues for democracies in terms of developing a social understanding of sustainability.

In design for business and industry, there is a growing interest in the development of more recyclable and energy-efficient products. The next few years will be crucial in determining the extent to which these changes take hold and become more prominent. Much of this will depend on how legislation – such as repair regulations and supply chain law – evolves and how it intervenes in our dominant manufacturing culture. What gives me great hope is that the young people we are training today will help shape our future with a new spirit of sustainability.

Liebe Frau Fineder, wie hat das Streben nach Nachhaltigkeit das Verständnis von Design verändert?

In der Designausbildung hat sich das Thema Nachhaltigkeit als ein wichtiger Schwerpunkt etabliert. Aus der Sicht der ökologischen Nachhaltigkeit sind hier auf jeden Fall Entwicklungen wie Kreislauffähigkeit und Reparierbarkeit von Produkten wichtig geworden ebenso wie ein neues Zusammenspiel mit Materialentwickler*innen. Immer mehr Designschulen haben eigene Materiallabore. Und der Einsatz intelligenter Konstruktionstechniken zur Material- und Energiereduktion bekommt zusätzliche Relevanz, um ökologische Fußabdrücke zu verkleinern. Weiterarbeiten müssen wir an der Vermittlung von Systemwissen – wie hängt das eigentlich alles zusammen, unser materielles Leben mit dem Sozialen und den natürlichen Grenzen unseres Planeten?

Am deutlichsten sehe ich Veränderungen in einem neuen sozialen Bewusstsein im Design. Hier fallen neue Studiengänge auf, die zur nachhaltigen Gestaltung unseres gesellschaftlichen Miteinanders aufrufen. Schlagworte oder Titel dieser Studiengänge sind zum Beispiel Social Design oder Public Interest Design. Die Themen, um die es hier geht, reichen von einer sozial gerechteren Gestaltung des öffentlichen Raums hin zu neuen Möglichkeiten der Teilhabe – zum Beispiel an Kunst und Bildung – es geht darum, wie wir sie besser zugänglich machen können. Das sind zentrale Gestaltungsfragen für Demokratien im Sinne eines sozialen Nachhaltigkeitsverständnisses.

Im Design für die Wirtschaft und die Industrie gibt es ein zunehmendes Interesse an der Entwicklung von mehr kreislauffähigen und energieschonenden Produkten. Hier wird sich vor allem in den nächsten Jahren zeigen, wie stark sich diese Veränderungen etablieren und inwiefern diese auf einer größeren Bühne präsent werden. Das wird auch stark

Is there an identifiable aesthetics of sustainability?

Yes and no, because there are very different types of sustainable product culture, designed for different applications and aesthetic preferences. In some cases, sustainability in the sense of "naturalness" is intended to be perceptible to our senses of sight and touch, providing a consciously sustainable consumer experience or expressing an environmentally friendly attitude. Such products are often deliberately simple, with rough surfaces and muted colours, to make it clear that they are made from recycled or sustainable materials.

But there are also very different products and services that save large amounts of resources and energy because they have been designed very intelligently. And we cannot usually see that. Here, I would say that the aesthetics are in the design and in the construction and production process. Our aesthetic perception is ultimately a sensory process linked to knowledge. We can better experience products in terms of an aesthetic experience if we can classify them as sustainable. For example, we can recognise certain products as repairable because they have large screws. In the future, we must strive for a sustainable product culture that can be easily "read" as such. We need an entirely new aesthetics of sustainability.

What is the role of social design? And how does it relate to sustainability?

It's important to look at the word "social" in social design. What can the word social mean in this context? We can read it as charitable, meaning a group of people, an institution or a company that can afford or wants to help others who have fewer opportunities – whether that's in terms of access to finances and resources or in terms of influence, i.e., having a say and helping to shape things. This is a very common interpretation of social design. Alternatively, we can read social as societal and interpret design as a tool that we use to shape our social interaction. In both cases, the aim is to improve human living conditions. How can our basic needs be better met on a small, local and global scale? It's also about our emotional and intellectual needs. We also need to think about the design of social practices and interactions, and the role of designed objects within social relationships. This would be a further interpretation of social design: interpersonal design, so to speak.

In attempting to transform our society and prioritise environmental wellbeing, we now speak of socioecological sustainability. In design terms, this means that we are interested in designing things and services that are good both for people and the environment. And we strive to design consumer and product systems that can contribute to a good life for as many people as possible within our

damit zusammenhängen, wie die gesetzlichen Verordnungen, etwa Reparaturverordnungen oder Lieferkettengesetze, ausfallen werden, in welcher Form diese tatsächlich in unsere vorherrschende Produktionskultur eingreifen werden. Was mich sehr hoffnungsvoll stimmt, ist, dass die jungen Menschen, die wir heute ausbilden, mit einem neuen Geist von Nachhaltigkeit unsere Zukunft mitgestalten werden.

Kann man von einer spezifischen Ästhetik der Nachhaltigkeit sprechen?

Ja und nein, denn es gibt ganz verschiedene Arten nachhaltiger Produktkulturen, die für verschiedene Anwendungsbereiche und ästhetische Vorlieben entworfen werden. In manchen Fällen soll Nachhaltigkeit im Sinne von Natürlichkeit mit unseren Seh- und Tastsinnen wahrnehmbar sein, damit eine bewusst nachhaltige Konsumerfahrung gemacht oder eine umweltfreundliche Haltung ausgedrückt werden kann. Die Produkte sind dann oft betont schlicht, haben raue Oberflächen, gedämpfte Farben und man soll ihnen deutlich ansehen, dass sie aus recycelten Materialien sind oder aus nachhaltigen Rohstoffen.

Es gibt aber auch ganz andere Produkte und Services, die etwa in großen Mengen Ressourcen und Energie einsparen, weil sie sehr intelligent konstruiert wurden. Und das können wir zumeist nicht sehen. Hier würde ich sagen, liegt die Ästhetik im Design und im Konstruktions- und Produktionsprozess. Unsere ästhetische Wahrnehmung ist letztlich ein sinnlicher Prozess, der an Wissen gekoppelt ist. Besser erfahrbar im Sinne einer ästhetischen Erfahrung sind für uns Produkte, die wir als nachhaltig einordnen können. So zum Beispiel Produkte, die wir als reparierbar erkennen können, etwa durch große Schrauben. In Zukunft sollten wir eine Produktkultur der Nachhaltigkeit anstreben, die wir als solche „lesen" können. Also brauchen wir eine neue Ästhetik der Nachhaltigkeit.

Welche Rolle spielt Social Design – und was hat das mit Nachhaltigkeit zu tun?

Es ist wichtig, dass man sich bei Social Design das Wort *social* anschaut. Was könnte denn das Wort sozial im Zusammenhang mit Design hier heißen? Wir können es einmal als karitativ lesen, also eine Personengruppe, Institution oder Firma, die es sich leisten kann oder leisten möchte, hilft anderen, die weniger Möglichkeiten finanzieller, ressourcentechnischer Natur oder auch weniger Einfluss im Sinne von Mitsprache- und Mitgestaltungsrecht haben. Das ist eine sehr gängige Lesart des Social Design. Oder wir lesen sozial als gesellschaftlich und interpretieren das damit zusammenhängende Design als ein Instrument, mit dem wir unser gesellschaftliches Miteinander gestalten könnten. In beiden Fällen geht es um die Verbesserung von

planetary boundaries – that is, without completely exploiting and destroying Planet Earth in the process of satisfying human needs and preferences.

menschlichen Lebensbedingungen. Wie können unsere Grundbedürfnisse besser erfüllt werden im kleinen, lokalen wie auch globalen Maßstab? Es geht dabei auch um unsere emotionalen und intellektuellen Bedürfnisse. Von hier aus können wir auch über die Gestaltung von sozialen Praktiken und Interaktionen nachdenken und uns Gedanken über die Rolle von designten Dingen in sozialen Beziehungen machen. Das wäre dann eine weitere Lesart des Social Design, das zwischenmenschliche Design, sozusagen.

In der Transformation unserer Gesellschaft in Richtung Nachhaltigkeit sprechen wir heute von einer sozialökologischen Nachhaltigkeit. Das heißt für das Design, dass uns die Gestaltung von Dingen und Dienstleistungen interessiert, die gut sind für Mensch und Umwelt. Und wir streben dabei die Gestaltung von Konsum- und Produktsystemen an, die zu einem guten Leben für möglichst alle Erdbewohner*innen innerhalb unserer planetaren Grenzen beitragen können – also ohne, dass wir bei der Deckung menschlicher Bedürfnisse und Vorlieben den Planeten Erde komplett ausbeuten und zerstören.

Marjan van Aubel Studio
Current Window 2015

CURRENT WINDOW

The consequences of ongoing climate change are no longer abstract projections for the future, but concrete everyday realities, including in Europe. Temperatures are rising as more and more regions are facing drought, heat and fires. At the same time, storms, rainfall and floods are increasing. Rising water levels are exacerbating soil erosion in coastal areas. All this has far-reaching consequences for the habitats of people, animals and plants – and therefore for the demands placed on the built environment.

Architecture and urban development are responding to these changes with a variety of measures, both large and small. For example, unsealing asphalted surfaces facilitates the seepage of rainwater. The greening of streets and squares provides shade and improves the microclimate. Floodplains and underground reservoirs use rainfall to compensate for long dry spells. Floating office buildings adapt to fluctuating water levels. Proactive measures help to improve quality of life, minimise risks and prevent disasters.

Strengthen Climate Resilience!

Klima-resilienz stärken!

Die Auswirkungen des fortschreitenden Klimawandels sind inzwischen keine abstrakten Zukunftsprognosen mehr, sondern auch in Europa konkrete Alltagsrealitäten. Die Temperaturen steigen und konfrontieren mehr und mehr Regionen mit Trockenheit, Hitze und Bränden. Gleichzeitig nehmen Stürme, Regenfälle und Überflutungen zu. Steigende Pegelstände verschärfen die Bodenerosion an Küstenregionen. All das hat weitreichende Konsequenzen für die Lebensräume von Menschen, Tieren und Pflanzen – und damit auch für die Anforderungen an die gebaute Umwelt.

Architektur und Stadtentwicklung reagieren auf diese Entwicklungen mit einer Vielfalt von kleineren und größeren Maßnahmen: Die Entsiegelung von asphaltierten Flächen erleichtert das Versickern von Regenwasser. Die Begrünung von Straßen und Plätzen spendet Schatten und verbessert das Mikroklima. Überschwemmungsflächen und unterirdische Wasserspeicher nutzen die Niederschläge, um lange Trockenperioden auszugleichen. Schwimmende Bürogebäude passen sich wechselnden Pegelständen an. Vorausschauendes Handeln hilft, die Lebensqualität zu erhöhen, Risiken zu minimieren und Katastrophen zu verhindern.

03 Philippe Rahm architectes
Ville bioclimatique Aix en Provence, FR 2024

Strengthen Climate Resilience!
Klima resilienz stärken!

Philippe Rahm has been exploring the atmospheric qualities of architecture for many years. He focuses on the specific dynamics of the empty spaces that characterise a building or a city: temperature, air circulation, humidity, light, etc. In *Ville bioclimatique*, such studies are the basis for measures to improve the microclimate of Aix-en-Provence, with historical design elements such as tree-lined avenues, fountains and grottos taking on a new relevance.

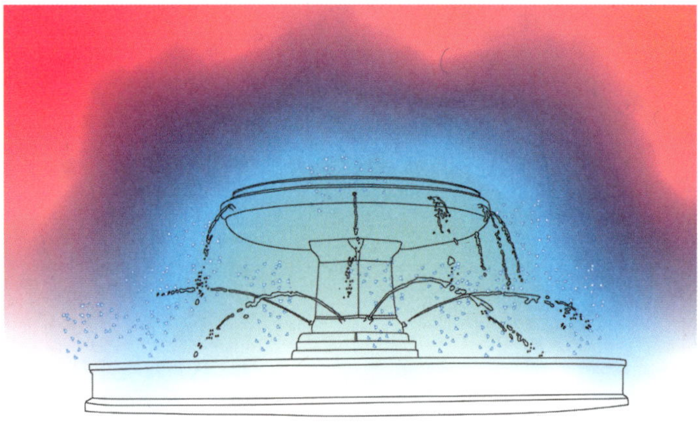

Philippe Rahm beschäftigt sich seit vielen Jahren mit den atmosphärischen Qualitäten von Architektur. In den Blick rücken die spezifischen Dynamiken der Leerräume, die ein Gebäude oder eine Stadt prägen: Temperatur, Luftzirkulation, Feuchtigkeit, Licht usw. In *Ville bioclimatique* dienen solche Studien als Grundlage für Maßnahmen zur Verbesserung des Mikroklimas in Aix-en-Provence, wobei historische Gestaltungselemente wie Baumalleen, Springbrunnen oder Grotten neue Aktualität gewinnen.

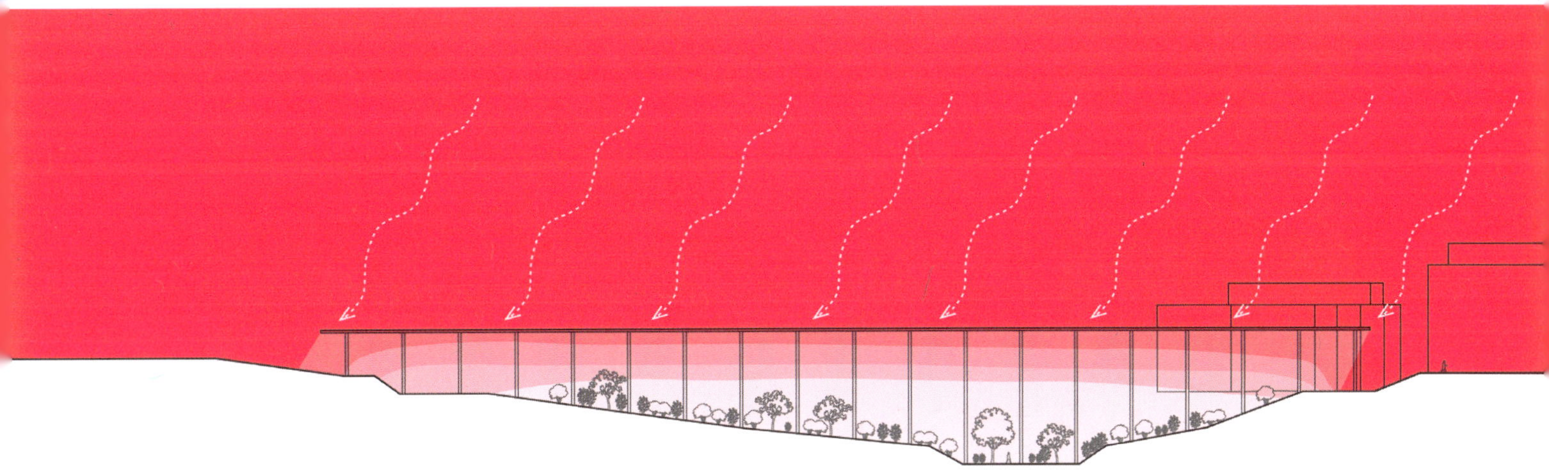

04 AHEC / DIEZ OFFICE / OMC°C

Vert London, GB 2024

Strengthen Climate Resilience!
Klima resilienz stärken!

The *Vert* project exemplifies a transformative approach to a cooler, greener city of tomorrow. With an engineered timber structure – made of sustainable American red oak glulam, which offers special strength and stability – it is a welcoming place where people can meet and relax, in a living ecosystem of plants and insects.

Das Projekt *Vert* ist beispielhaft für einen transformativen Ansatz für eine kühlere, grünere Stadt von morgen. Mit einer technischen Holzstruktur – aus Leimholz von nachhaltiger amerikanischer Roteiche, das besondere Festigkeit und Stabilität bietet – wird ein Ökosystem für Pflanzen und Insekten geschaffen, ein einladender Ort, an dem sich Menschen treffen und entspannen können.

Strengthen Climate Resilience!

Klimaresilienz stärken!

Stefan Diez

On the Design of Places Centred on City Dwellers

Mr Diez, why is it necessary for designers to concern themselves with the greening of urban spaces?

Perhaps it's worth taking a brief look at what a designer's job actually is. What we are good at is analysing problems or issues, abstracting them, and then developing solutions that are generally relevant to a large part of the population. That's what distinguishes us from architects, for example, who tend to work in a very site-specific way. Our work is much more general.

The problem of overheated urban spaces and the lack of green spaces in cities is one of those pertinent, universal issues that affects almost every city in Europe. This is where we come in as designers. What also characterises our profession is our role as a link between the user, the manufacturer, the people in sales, etc. We often find ourselves acting as translators, trying to understand what one person wants and then explaining it to the other, and then filtering out something meaningful from this dialogue. We started the development of *Vert*, the system behind the *Vert* project shown here in front of the Bundeskunsthalle, with OMC°C as a network project. The authorship does not lie with one person or group, but in fact with this network that OMC°C has brought together.

Our job comes with a responsibility that is, above all, also fun. We are usually able to deal with fascinating issues that have a lot to do with the very turbulent and exhausting times in which we live. On the other hand, it has to be said that it is also a very exciting time because we are currently defining how we want to shape the future. We are shaping it right now, in this very moment. And that's how it is with the *Vert* system. Projects are currently being developed that will change the cityscape in many places: more greenery, more shade and cooling, greater quality of life.

Zur Gestaltung stadtbewohnerzentrierter Orte

Lieber Herr Diez, warum ist es überhaupt notwendig, sich als Gestalter um die Begrünung urbaner Räume zu kümmern?

Vielleicht lohnt es sich, kurz einen Blick darauf zu werfen, was eigentlich der Job von einem Designer ist. Das, was wir gut können, ist Probleme oder Fragestellungen zu analysieren, sie zu abstrahieren und dann entsprechende Lösungen zu entwickeln, die eine allgemeine Relevanz haben für den Großteil der Bevölkerung. Das macht den Unterschied aus zum Beispiel zur Architektur, die in der Regel sehr ortsbezogen arbeitet. Unsere Arbeiten sind sehr viel allgemeiner gefasst.

Das Problem des überhitzten urbanen Raumes und der fehlenden Stadtbegrünung ist eben eines dieser relevanten allgemeingültigen Probleme, das fast alle Städte Europas betrifft. So kommen wir als Designer*innen ins Spiel. Was unseren Beruf auch ausmacht, ist oftmals die Funktion als Bindeglied zwischen den Benutzer*innen, den Hersteller*innen, den Leuten im Vertrieb etc. Wir sind oft als Übersetzer*innen tätig, die versuchen zu verstehen, was die eine Seite will, um es dann der anderen zu erklären und schließlich aus diesem Dialog etwas Sinnvolles herauszufiltern. Wir haben die Entwicklung von *Vert*, das System hinter dem hier vor der Bundeskunsthalle gezeigten Projekt *Vert*, mit OMC°C als Netzwerkprojekt gestartet. Die Urheberschaft liegt nicht bei einer Person oder Gruppe, sondern tatsächlich bei diesem Netzwerk, das OMC°C zusammengetrommelt hat.

Unser Job geht mit einer Verantwortung einher, die vor allem auch Spaß macht. Wir dürfen uns meistens mit wirklich spannenden Fragen beschäftigen, die viel mit der sehr turbulenten und auch anstrengenden Zeit zu tun haben, in der wir momentan unterwegs sind. Auf der anderen Seite ist es auch eine sehr spannende Zeit, weil wir gerade festlegen, wie

What is the *Vert* system's special achievement?

The concept behind the *Vert* system is that of a vertical garden, which is planted in the spring and whose entire biomass is harvested in the autumn. At the Bundeskunsthalle in Bonn, we are showing another variant, the *Vert* project, which we developed together with AHEC, the American Hardwood Export Council, and which is based on a structure made of American red oak. The *Vert* system always includes a colourful mix of annual climbers, which are planted in the spring and then climb 1 metre a week on flax nets until the summer. This creates dense canopies of plants that provide extensive shade and cool the surrounding temperature, while also storing CO_2 and particulates. The environment created is not only very attractive to people, but also to all kinds of insects and birds that can use it as a habitat. With *Vert*, we didn't want to add another human-centred object to the urban landscape, but rather to create a place centred around the city's inhabitants.

How do you see future developments – *Vert* in every city?

I can definitely see *Vert* in every city, at least from Southern to Central Europe. What makes it so special is its modular design, which allows for tailor-made solutions and structures. In addition to the freely scalable, free-standing variant, we have also developed a facade construction that is completely different from the one we have installed here in Bonn. This spring, we also installed much smaller *Vert* structures in various nurseries, tailored to the needs of children. *Vert* is a completely open and flexible system. The only things that remain the same are the fast-growing climbing plants that entwine themselves around the compostable flat nets – with the primary aim of providing shade and promoting biodiversity. We already have many ideas on how this basic concept of bringing annual plants into the city can be further developed.

wir die Zukunft gestalten. Wir gestalten sie genau jetzt im Moment. Und so ist es auch mit *Vert*. Es werden zurzeit Projekte erarbeitet, die an vielen Orten das Stadtbild verändern werden: mehr Grün, mehr Schatten und Abkühlung, einfach mehr Aufenthaltsqualität.

Was ist die besondere Leistung von *Vert*?

Das Konzept hinter dem *Vert*-System ist das eines vertikalen Gartens, der im Frühjahr bestellt und dessen gesamte Biomasse im Herbst abgeerntet wird. An der Bundeskunsthalle in Bonn zeigen wir mit dem Projekt *Vert*, das wir gemeinsam mit AHEC, dem Verband für amerikanische Laubhölzer, entwickelt haben, eine weitere Variante, die hier auf einer Konstruktion aus amerikanischer Roteiche basiert. Das *Vert*-System beinhaltet immer eine bunte Mischung an einjährigen Kletterpflanzen, die im Frühjahr gepflanzt und dann bis zum Sommer 1 Meter pro Woche an Flachsnetzen emporklettern. So entstehen dichte Pflanzensegel, die großflächigen Schatten bringen und die Umgebungstemperatur abkühlen, dazu speichern sie CO_2 und Feinstaub. Die so entstehende Umgebung ist nicht nur für die Menschen sehr attraktiv, sondern auch für alle möglichen Insekten und Vögel, die diese Umgebung als Lebensraum für sich in Anspruch nehmen können. Wir wollten mit *Vert* kein weiteres menschenzentriertes Objekt der Stadtlandschaft hinzuzufügen, sondern wirklich einen stadtbewohnerzentrierten Ort realisieren.

Wie sehen Sie die zukünftige Entwicklungsperspektive – *Vert* in jeder Stadt?

Tatsächlich sehe ich *Vert* in jeder Stadt, zumindest von Südeuropa bis Mitteleuropa. Das Besondere ist die modulare Bauweise, die individuelle Lösungen und Strukturen je nach Anforderungen erlaubt. Neben der frei skalierbaren frei stehenden Variante haben wir auch eine Konstruktion für Fassaden entwickelt, die sich von der Struktur her komplett von dem unterscheidet, was wir jetzt gerade hier in Bonn installiert haben. Auch haben wir in diesem Frühjahr in verschiedenen Kitas deutlich kleiner ausfallende *Vert*-Strukturen aufgebaut, die genau auf die Bedürfnisse von Kindern abgestimmt sind. *Vert* ist ein absolut offenes und flexibles System. Das Einzige, was immer gleich bleibt, sind die schnell wachsenden Kletterpflanzen, die aus Pflanzgefäßen an kompostierbaren Flachsnetzen hochranken – mit dem vorrangigen Ziel, Schatten zu spenden und die Biodiversität zu fördern. Wir haben schon viele Ideen, wie diese Grundidee, einjährige Pflanzen in die Stadt zu bringen, noch weiterentwickelt werden kann.

05 Andres Jaque / Office for Political Innovation *Rambla Climate-House*

Molina de Segura, ES
2018–2021

Strengthen Climate Resilience!
Klima resilienz stärken!

In Spanish, *ramblas* are species-rich river and stream beds that cut through the landscape during seasonal rains and store moisture. Since the 1980s, the soil of the *rambla* around Murcia has been removed in order to expand the suburbs. The *Rambla Climate-House* aims to counteract this destruction of valuable natural areas. It collects rainwater from roofs and wastewater from sinks and pours it onto the remains of the *rambla*, regenerating its ecological properties. Sensors control the automated process.

Rambla werden im Spanischen artenreiche Fluss- und Bachbette genannt, die sich während saisonaler Regenfälle in die Landschaft graben und dort Feuchtigkeit speichern. Seit den 1980er Jahren wird der Boden der Rambla rund um Murcia für den Ausbau der Vorstädte abgetragen. Das *Rambla Climate-House* will dieser Zerstörung von wertvollen Naturräumen entgegenwirken. Es sammelt die Niederschläge von den Dächern und das Abwasser aus Waschbecken, um sie auf die Überreste der Rambla zu gießen und deren ökologische Eigenschaften zu regenerieren. Sensoren steuern den automatisierten Prozess.

06 Less Yellow *Glasner Haus*

Dernau an der Ahr, DE
2022

Strengthen Climate Resilience!
Klima resilienz stärken!

In the summer of 2021, heavy rainfall caused catastrophic flooding in the Ahr valley, claiming well over a hundred lives. This raises the question of how we can protect ourselves from future storms. While Florian Hertweck's *Glasner Haus* is based on the typology of a traditional courtyard house, the floodable ground floor with its metal sliding gate literally forms a modern protective castle against future catastrophes.

Im Sommer 2021 führte extremer Starkregen zu einer katastrophalen Überflutung des Ahrtales, der weit über hundert Menschen zum Opfer fielen. In der Folge stellt sich die Frage, wie man sich vor künftigen Unwettern schützen kann. Während das *Glasner Haus* von Florian Hertweck die Typologie eines traditionellen Hofhauses aufgreift, bildet das flutbare Erdgeschoss mit seinem metallenen Schiebetor buchstäblich eine moderne Schutzburg gegen künftige Katastrophen.

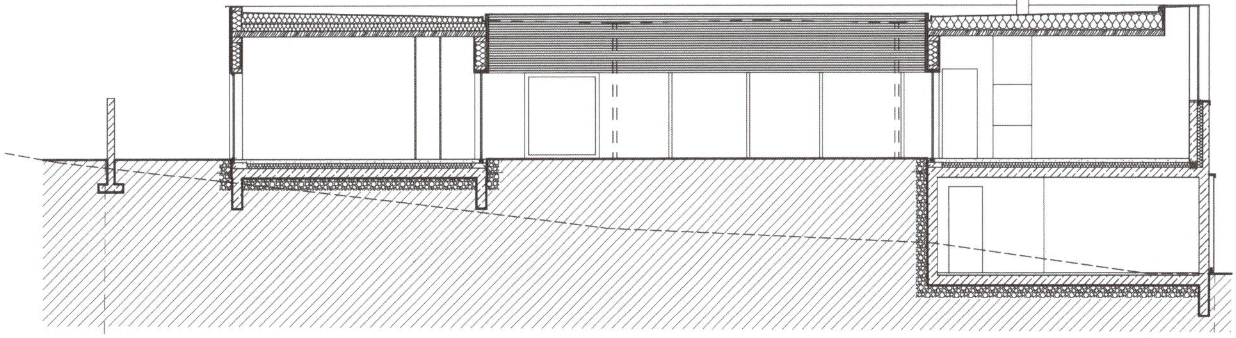

0 1 5

07 Powerhouse Company
Floating Office Rotterdam (FOR)

Strengthen Climate Resilience! Klima resilienz stärken!

Rotterdam, NL
2021

The climate-resistant building *FOR* is energy positive, CO_2 negative and floats if the water level rises due to climate change. This modular, timber building combines many high-tech sustainable solutions – including a water-cooling system and solar panels – with low-tech ones, such as the passive shading provided by the green roof and overhanging terraces. *FOR* sets the tone for the transformation of the Rotterdam Rijnhaven port, which is fast becoming a lively residential area.

Das klimaresistente Gebäude *FOR* produziert energiepositiv, spart CO_2 und schwimmt, sollte der Wasserspiegel aufgrund des Klimawandels steigen. Als modulares Holzgebäude kombiniert es nachhaltige Hightech-Lösungen – wie ein Wasserkühlsystem und Solarmodule – mit Lowtech-Lösungen wie passive Beschattung durch ein Gründach und überhängende Terrassen. *FOR* unterstützt die Transformation des Rotterdamer Rijnhavens in ein lebendiges Wohngebiet.

08 MVRDV
WHAT IF: Nederland 2100

Amsterdam, NL
2024

Strengthen Climate Resilience!
Klimaresilienz stärken!

What will happen if the Netherlands is flooded? As much of the country's current surface area was once swampy marshland or even sea, rising sea levels as a result of climate change pose a serious threat. The architectural firm MVRDV has made a forecast of what lies ahead for Dutch cities and how they could adapt to the new normal in 2100.

Was passiert, wenn die Niederlande überflutet werden? Da ein großer Teil der heutigen Landesfläche einst sumpfiges Marschland oder sogar Meer war, stellen die steigenden Meeresspiegel infolge des Klimawandels eine ernsthafte Bedrohung dar. Das Architekturbüro MVRDV hat eine Prognose erstellt, was auf die niederländischen Städte zukommt und wie Anpassungen an die neuen Normalitäten im Jahr 2100 aussehen könnten.

Stephan Rammler

On the Klimabauhaus and the Power of ClimateFuturological Narratives

Professor Rammler, you have been researching processes of social transformation for many years, in particular climate change. How will the climate change in Europe and what does this mean for our cities?

We now have a relatively accurate idea of what it will be like. However, there is a huge gap between the knowledge we have, the public perception and acceptance of this knowledge and the conclusions that are drawn from it.

All the so-called "apocalyptic riders" of global warming are likely to show their faces. As far as our cities are concerned, these are drought, heat and fires on the one hand, and storms, heavy rains and floods on the other. Our cities are heat islands. They are densely built and have little green space, which means they heat up during the many weeks of summer. As a result, in the foreseeable future – or by 2050 at the very latest – cities like Bonn or Berlin will be exhibiting the same climate conditions as a Southern European city like Marseille or Toulouse – perhaps somewhere even further south.

Central and Northern European cities are not adapted to these changes, especially not to this level of heat. Cities in Southern Europe or North Africa have been experimenting for centuries with passive cooling architecture, air flow systems, shading or white paint, and have been able to culturally adjust to these meteorological conditions over a very long period. The current speed of warming, however, means that we in Europe will have to adapt socially, politically and culturally at a particularly rapid rate.

How can cities deal with these changes?

We can start by asking how resilient a city is to the particular challenges of global warming. There are different strategies available to reduce vulnerability.

One field of action is foresight. We simply need to know what to expect. This means that we need forecasting systems that tell us, for example, that there will be extreme heat or heavy rain in two

Vom Klimabauhaus und der Macht klimafuturologischer Erzählungen

Lieber Herr Rammler, Sie beschäftigen sich seit vielen Jahren mit gesellschaftlichen Transformationsprozessen und hier insbesondere mit dem Klimawandel. Wie wird sich das Klima in Europa verändern und was bedeutet das für Städte?

Wir wissen mittlerweile relativ genau, wie das sein wird. Es gibt nur eine enorme Kluft zwischen dem Wissen, das wir haben, und der öffentlichen Wahrnehmung und Akzeptanz dieses Wissens sowie den Folgerungen, die man daraus zieht.

Voraussichtlich werden alle der sogenannten apokalyptischen Reiter der Erderwärmung eintreten: In Bezug auf unsere Städte sind dies insbesondere Trockenheit, Hitze und Brände einerseits sowie Stürme, Starkregen und Überflutungen andererseits. Unsere Städte bilden Wärmeinseln. Sie sind dicht gebaut, es gibt wenig Grün und das bedeutet, dass sie sich über viele Wochen sommerlicher Hitze richtig aufheizen. In der Konsequenz werden Städte wie Bonn oder Berlin in absehbarer Zeit, spätestens 2050, die Erwärmungskulisse einer südeuropäischen Stadt haben. Also nehmen Sie Marseille oder Toulouse oder vielleicht sogar noch südlicher.

Die mittel- und nordeuropäischen Städte sind an diese Veränderungen und vor allem an diese Hitze gar nicht angepasst. Städte in Südeuropa oder Nordafrika haben über Jahrhunderte mit passiver Kühlarchitektur, Luftzugsystemen, Verschattung oder weißer Farbe experimentiert und sich kulturell sehr langfristig an die meteorologischen Bedingungen anpassen können. Die Geschwindigkeit der derzeitigen Erwärmung führt nun dazu, dass wir uns in Europa in besonders schnellem Maße sozial, politisch, aber auch kulturell anpassen müssen.

Wie können Städte mit diesen Veränderungen umgehen?

Wir können zunächst einmal die Frage stellen, wie resilient – also wie widerstandsfähig – eine Stadt gegenüber den

weeks' time. Resilience researchers call such forecasting systems "crisis radars". They can then be used to recommend appropriate measures, such as avoiding the midday sun or increasing the number of emergency services on call. The police, fire brigade and health services in particular will be faced with many additional tasks that will require sufficient and suitably qualified personnel.

Then there is prevention. Unfortunately, this has failed when it comes to global warming. Prevention would have meant mitigation – in other words, everything we've been discussing for the last 50 years to limit the rise in global temperatures. Namely, the question is how to make a society climate neutral. Answering that would have been the best way to avoid what we are experiencing now. But we haven't succeeded. Now it's a case of not making things any worse. A rise of 1.5 degrees will already have some critical effects. But a rise of 3 degrees – basically all climate scientists are in agreement, that's a world we don't know. We don't want to experience that, so we shouldn't even be discussing it. That's why we must continue to do everything we can to get global warming under control.

Then there is protection, which is basically what we can do in cities to prepare ourselves: how can we equip buildings with passive climate control so that we don't have to use energy for air conditioning? How can we deal with the infrastructure? How can we adapt the city as a whole? There are several tools that I have described in my book *Klimabauhaus Berlin*. We know that most of the urban heat island effect can be mitigated by increasing urban green infrastructure. So, it's basically about nature: tree-lined avenues, parks, forests, cemeteries, etc., although we have to think carefully about how to supply these plants with sufficient water. But there are solutions for that, too. Above all, to really do things differently, we need political impetus and a willingness to make political investments. By expanding green infrastructure, we can have a positive impact on cities in a warming world.

And then there is regeneration. The measures taken to repair things after a crisis or disaster. And to change them so that we are better able to withstand future crises. All this costs money, of course, but it is what society will require in the face of global warming. You can be sure that the population will systematically demand urban resilience as part of urban public services.

How can we get the population on board with such a major transformation?

In the field of future analysis, we now speak of the "polycrisis" of the 21st century. Many long-term problems of human civilisation are currently converging at the same time, and global warming is a key challenge.

besonderen Herausforderungen der Erderwärmung ist. Um die Verwundbarkeit zu verringern, gibt es diverse Strategien.

Da ist einmal das Handlungsfeld der *Vorausschau*. Wir müssen einfach wissen, was auf uns zukommt. Das heißt, wir brauchen Systeme der Prognostik, die uns beispielsweise sagen, dass wir es in zwei Wochen mit extremer Hitze oder starkem Regen zu tun haben werden. Krisenradare nennt sich das in der Resilienzforschung. Auf dieser Grundlage können dann angemessene Maßnahmen empfohlen werden – wie zum Beispiel die Mittagssonne zu meiden oder den Bereitschaftsdienst der Rettungskräfte zu erhöhen. Gerade auf Polizei, Feuerwehr und Gesundheitsdienste kommen hier viele zusätzliche Aufgaben zu, für die ausreichend und entsprechend qualifiziertes Personal erforderlich ist.

Dann haben wir das Handlungsfeld der *Prävention*. Das ist bei der Erderwärmung leider schiefgegangen. Prävention wäre nämlich Mitigation gewesen. Also all das, was wir die letzten 50 Jahre diskutiert haben, um den globalen Temperaturanstieg zu begrenzen. Die Frage, wie man eine Gesellschaft klimaneutral gestaltet. Das wäre der richtige Weg gewesen, um das, was wir gerade erleben, noch abzuwenden. Das haben wir nicht geschafft. Jetzt geht es darum, dass es nicht noch schlimmer wird. 1,5 Grad werden bereits einige krisenhafte Effekte erzeugen. Aber 3 Grad, da sind sich im Grunde alle Klimawissenschaftler einig, das ist eine Welt, die wir nicht kennen. Das wollen wir nicht erleben. Deshalb müssen wir weiterhin alles tun, um die Erderwärmung in den Griff zu kriegen.

Dann gibt es das Handlungsfeld der *Protektion* und das ist im Grunde das, was man in den Städten tun kann, um sich vorzubereiten: Wie können wir Gebäude mit passiver Klimatisierung ausstatten, damit wir nicht noch Energie verwenden müssen, um Klimaanlagen zu betreiben? Wie können wir mit der Infrastruktur umgehen? Wie können wir die Stadt insgesamt anpassen? Da gibt es verschiedene Instrumente, die ich auch in meinem Szenario in *Klimabauhaus Berlin* beschrieben habe. Wir wissen, dass die meisten Effekte des urbanen Wärmeinsel-Effektes gemildert werden können, indem die urbane grüne Infrastruktur ausgeweitet wird. Also geht es im Grunde um Natur: Alleen, Parks, Wälder, Friedhöfe usw. Wobei wir gut überlegen müssen, wie wir diese Pflanzen mit ausreichend Wasser versorgen. Aber auch dafür gibt es Lösungen. Deshalb braucht es vor allem den politischen Willen und auch die Bereitschaft, politisch zu investieren, Dinge auch wirklich anders zu machen. Dann können wir mit der Ausweitung der grünen Infrastruktur tatsächlich positive Effekte für Städte in der Erderwärmung schaffen.

Und dann gibt es das Handlungsfeld der *Regeneration*. Also Maßnahmen,

Societies will only be able to overcome this if they have a shared vision of what lies ahead and how to deal with it. For this, we need cooperation. Competition may have been justified as the principle innovation of a capitalist market economy for a brief time. But in this moment of great crisis, in an era of resilience, we need cooperation. And cooperation comes from the shared perceptions of problems, shared ideas about the future and guiding principles. This is closely related to the question of how to initiate and sustain large-scale cultural change. In my view, this requires community-building and generating meaningful narratives. Narratives are particularly powerful because they have the capacity to convey complex issues in a relatively simple way – not through key figures or model calculations, but by appealing to emotions, inspiring optimism and providing orientation.

In terms of the climate crisis, this would mean recognising global warming as the defining crisis of the present and focusing all the international community's cooperative efforts on this issue. This would be a crucial step towards learning how to deal with the polycrisis without our societies collapsing around our ears and falling back into retro-topical movements such as nationalism and authoritarianism, which are dominated by the figure of the strongman. A narrative of cooperation would convey hope and confidence that it is possible to adapt to these new conditions and that climate change does not have to end in apocalypse. On the contrary, if we start working together now, the world can become a better, more social, more peaceful place than it was before. This is what I mean. In our attempts to solve a problem, we can create surpluses that have positive effects far beyond the original problem. We should urgently try to do this together.

die dazu dienen, Dinge nach einer Krise oder Katastrophe wieder zu reparieren. Und zwar so, dass sie auf eine Art und Weise verändert werden, dass sie künftigen Krisen besser standhalten. All das kostet natürlich, aber das wird von der Gesellschaft in der Erderwärmung gefordert werden. Davon können Sie ausgehen, dass die Bevölkerung die urbane Resilienz als Teil der urbanen Daseinsvorsorge systematisch einfordern wird.

Wie kann es gelingen, die Bevölkerung für eine solche große Transformation zu gewinnen?

Wir sprechen in der Zukunftsanalytik mittlerweile von der Polykrise des 21. Jahrhunderts. Viele langfristig sich anbahnende Probleme menschlicher Zivilisation kumulieren gerade gleichzeitig und die Erderwärmung ist eben eine zentrale Herausforderung.

Das zu bewältigen, schaffen Gesellschaften nur, wenn sie eine gemeinsame Vorstellung davon haben, was auf sie zukommt und wie sie damit umgehen wollen. Dafür brauchen wir Kooperation. Konkurrenz als das kapitalistisch-marktwirtschaftliche Innovationsprinzip hatte vielleicht eine Zeit lang seine Berechtigung, aber in dieser Zeit der großen Krise, in einer Epoche der Resilienz, brauchen wir Kooperation. Und Kooperation entsteht über gemeinsame Problemwahrnehmungen, Zukunftsvorstellungen und Leitbilder. Damit zusammen hängt die Frage, wie sich groß angelegte kulturelle Transformationsprozesse anschieben und langfristig steuern lassen. Dafür braucht es meines Erachtens gemeinschafts- und sinnstiftende Erzählungen. Erzählungen sind deswegen besonders stark, weil sie komplexe Sachverhalte auf relativ einfache Art und Weise transportieren, eben nicht über Kennenzahlen oder Modellberechnungen, weil sie emotional ansprechen, Zuversicht verbreiten und Orientierung stiften.

In Bezug auf die Klimakrise würde das bedeuten, die Erderwärmung als die maßgebliche Leitkrise der Gegenwart anzuerkennen und alle Kooperationsanstrengungen der Weltgemeinschaft an diesem Hebelpunkt anzusetzen. Das wäre ein entscheidender Schritt, um zu lernen, mit der Polykrise umzugehen, ohne dass uns unsere Gesellschaften um die Ohren fliegen und rückwärts in retrotopische Bewegungen wie ins Nationalistische, ins Autoritäre, in die Welt des starken Mannes führen. Vielmehr würde eine solche Erzählung auch Hoffnung und Zuversicht vermitteln, dass eine Anpassung an die neuen Verhältnisse möglich ist und nicht in der Apokalypse enden muss. Im Gegenteil: Wenn wir jetzt anfangen, kollaborativ zu handeln, kann die Welt besser, sozialer, friedlicher als vorher werden. Wir können in dem Versuch, ein Problem zu lösen, Überschüsse generieren, die positive Effekte weit über das ursprüngliche Problem hinaus erzeugen. Das sollten wir dringend miteinander versuchen.

In addition to its benefits for the well-being and health of residents, the greening of urban living spaces plays an important role in enhancing biodiversity and the self-regulation of ecosystems. Balconies, gardens and parks, as well as wasteland, medians and railway lines are valuable, often diverse biotopes for a wide variety of life forms. Insects, animals and plants find suitable living conditions here.

As a result, experts from the fields of architecture, design, art, horticulture, landscaping and the natural sciences are working together to enhance the natural biodiversity of our cities and facilitate the coexistence of species. Ecological knowledge, creative design and aesthetic sensitivity go hand in hand.

Promote Biodiversity!

Biodiversität fördern!

Neben ihrem Nutzen für das Wohlbefinden und die Gesundheit der Bewohner*innen erfüllt die Begrünung urbaner Lebensräume wichtige Funktionen für die Stärkung der Biodiversität und Selbstregulierung der Ökosysteme. Balkone, Gärten und Parks, aber auch Brachen, Mittelstreifen und Gleistrassen sind wertvolle und oftmals artenreiche Lebensräume für eine Vielfalt an Lebensformen. Wild lebende Insekten, Tiere und Pflanzen finden hier geeignete Lebensbedingungen.

In der Konsequenz arbeiten Expert*innen aus den Bereichen Architektur, Design, Kunst, Gartenbau, Landschaftsgestaltung und Naturwissenschaften zusammen, um die natürliche Artenvielfalt in unseren Städten zu stärken und das Zusammenleben der Spezies zu erleichtern. Ökologisches Wissen, kreative Gestaltung und ästhetisches Empfinden gehen Hand in Hand.

09 mischer'traxler studio

Promote Biodiversity! Biodiversität fördern!

curiosity cloud London, GB 2015

A wide variety of hand-crafted insects are collected in numerous mouth-blown glass vessels, divided into three categories: extinct or critically endangered, widespread, and newly discovered species. Visitors can walk through the installation and become part of an interactive interplay representing the coexistence of man and nature.

In zahlreichen, mundgeblasenen Glaskörpern versammeln sich vielfältige handgefertigte Insekten in drei Kategorien – ausgestorbene oder stark gefährdete, weit verbreitete und neu entdeckte Spezies. Besucher*innen können durch die Installation spazieren und Teil eines interaktiven Zusammenspiels werden, das die Koexistenz zwischen Mensch und Natur repräsentiert.

10 Alexandra Daisy Ginsberg

Promote Biodiversity! Biodiversität fördern!

Pollinator Pathmaker Cornwall, GB 2021—ongoing

Pollinator Pathmaker is an artwork created *for* pollinators, planted and cared for by humans. The exhibition version of pollinator.art allows audiences to generate their own site-specific planting schemes that prioritise biodiversity and maximise support for a wide range of pollinating species. The accompanying tapestries remind us of the need for empathy across perspectives — one as seen through the human eye and one as perceived by insects. Additionally, the video artwork glides through this otherworldly space from the perspective of a foraging insect, offering a view from within the ecosystem rather than the traditional top-down gaze of a human.

Pollinator Pathmaker ist ein Kunstwerk, das für Bestäuber geschaffen und von Menschen gepflanzt und gepflegt wird. Die Ausstellungsversion von pollinator.art ermöglicht es den Besucher*innen, eigene standortspezifische Bepflanzungspläne zu entwerfen, die eine große biologische Vielfalt ermöglichen und ein breites Spektrum von Bestäuberarten optimal unterstützen. Die begleitenden Wandteppiche erinnern uns daran, Empathie über verschiedene Perspektiven hinweg zu üben: einmal aus der Sicht des menschlichen Auges und einmal aus der Sicht der Insekten. Darüber hinaus gleitet das Video mit der Perspektive eines Insekts, das auf Futtersuche ist, durch diesen jenseitigen Lebensraum und ermöglicht so einen Blick aus dem Inneren des Ökosystems und nicht – wie üblicherweise bei Menschen – von oben.

11 Studio Céline Baumann, Weyell Zipse Architekten

Parliament of Plants Bonn, DE 2019–2025

Rosental Mitte Basel, CH 2024–2050

Promote Biodiversity! Biodiversität fördern!

As a landscape architect, Céline Baumann explores various aspects of nature in the urban context, as in the case of *Rosental Mitte* in collaboration with Weyell Zipse architects. In her artistic practice, particularly with the *Parliament of Plants* project, she advocates for the rights of nature and draws attention to the social wisdom of plants.

Als gelernte Landschaftsarchitektin beschäftigt sich Céline Baumann mit diversen Aspekten von Natur im urbanen Kontext, wie im Fall von *Rosental Mitte* in Zusammenarbeit mit Weyell Zipse Architekten. In ihrer künstlerischen Praxis und insbesondere mit dem Projekt *Parliament of Plants* setzt sie sich für die Rechte der Natur ein und verweist auf die soziale Weisheit von Pflanzen.

Céline Baumann
Learning from Plants

Von Pflanzen lernen

Ms Baumann, what is the special value of plants for you? What role do plants and biodiversity play in sustainable urban development?

For me, plants are both a living and a raw material. They have many ecological aspects that make them so valuable. My goal as a landscape architect is to integrate plants into the urban context. Not only in the ground, but also on buildings, facades or roofs, I try to bring nature into the city. Plants can provide many ecosystem services. To support biodiversity in an urban context, we should help nature to form ecological corridors. These corridors create habitats for humans and non-human beings in our cities, such as birds, insects or small mammals. The way we manage water is crucial. Plants are able to store water and then evaporate it through evapotranspiration. Because of their water storage properties, soil and plants can prevent flooding, which is an important issue today. Plants can also be very useful in combatting global warming: they allow us to create a cool microclimate in our concrete cities. Trees provide shade and bring a pleasant atmosphere to the city. We need to create more living spaces in the urban context, and an important aspect of this is the soil. It is essential to open up and maintain the soil. Plants need unsealed and healthy soil to spread their roots. Today, the biodiverse values of soil are being rediscovered. There are as many organisms in a tablespoon of soil as there are in the whole world. Without soil, there would be no plant life. It is therefore important to unseal surfaces in an urban context, to use less asphalt and to provide materials that are permeable to water and in which roots can spread.

To what extent do plants have wisdom? What is the *Parliament of Plants*?

There are traditional notions about what is natural and what is not. But if you seriously observe and get to know the plant world, such archetypes are quickly challenged. We can learn a lot from nature. Plants are

Liebe Frau Baumann, worin besteht für Sie der besondere Wert von Pflanzen? Welche Rolle spielen Pflanzen und Biodiversität in der nachhaltigen Stadtentwicklung?

Pflanzen sind für mich ein lebendiges Material und auch ein Werkstoff. Sie haben zahlreiche ökologische Aspekte, die sie so wertvoll machen. Mein Ziel als Landschaftsarchitektin ist es, Pflanzen so weit wie möglich auch im städtischen Kontext zu etablieren. Nicht nur im Boden, auch am Gebäude, an der Fassade oder auf der Dachfläche versuche ich die Natur in die Stadt einzumischen. Pflanzen können viele Dienstleistungen für das Ökosystem erbringen. Um die Biodiversität im städtischen Kontext zu unterstützen, sollten wir den Pflanzen helfen, ökologische Korridore zu bilden. Diese Korridore schaffen Lebensräume sowohl für menschliche als auch nichtmenschliche Lebenswesen, wie Vögel, Insekten oder kleine Säugetiere. Der Umgang mit Wasser ist dabei essenziell. Pflanzen haben die Möglichkeit, das Wasser zu speichern und durch Evapotranspiration wieder zu verdunsten. Aufgrund ihrer Speicherungseigenschaften können Boden und Pflanzen Überschwemmungen verhindern – was heutzutage ein wesentliches Thema ist.
Auch beim Thema Klimaerwärmung können Pflanzen sehr nützlich sein: Sie schaffen in unseren betonierten Städten ein kühles Mikroklima. Bäume können Schatten spenden und eine angenehme Atmosphäre in die Stadt bringen. Wir müssen mehr Lebensräume im urbanen Kontext kreieren und ein wichtiger Aspekt dabei ist auch der Boden. Dessen biodiverse Werte werden heute neu entdeckt. In einem kleinen Häufchen Erde gibt es so viele Organismen wie auf der ganzen Welt. Ohne den Boden gäbe es zudem kein pflanzliches Leben.
Es geht folglich darum, die Flächen im städtischen Kontext zu entsiegeln, weniger Asphalt zu nutzen und Materialien vorzusehen, die wasserdurchlässig sind und in denen Wurzeln sich ausdehnen können.

actually very diverse: they have different shapes, different metabolisms, different properties and different reproductive mechanisms. I like to call nature queer because plants are non-binary, non-normative. There are as many exceptions in the plant world as there are rules. It seems that anything is possible in the plant world.

We could learn through them how to create a more diverse society.

The *Parliament of Plants* is concerned with the rights of plants. It is a speculative project that asks what our world would be like if it were ruled by plants rather than humans. Would it be more diverse or more inclusive? This is, of course, pure speculation. But before you can find proper answers, you have to find the relevant questions. We find this search for questions interesting. For example, we know that plants support and educate each other and form "societies". Some trees have roots that are connected by mycorrhizae, forming a network. We live in a society that is very polarised: some people have one opinion while others have a contradictory opinion. Unfortunately, these people rarely meet. The plant world is very different. Plants need to be able to live with each other in order to survive.

Inwiefern besitzen Pflanzen Weisheit? Was ist das *Parliament of Plants*?

Es gibt traditionelle Vorstellungen davon, was natürlich ist oder nicht. Aber wenn man die Pflanzenwelt ernsthaft beobachtet und kennenlernt, werden solche Vorstellungen sehr schnell infrage gestellt. Es gibt vieles, was wir von den Pflanzen lernen können, sie sind tatsächlich sehr divers: Sie haben unterschiedliche Formen, unterschiedliche Stoffwechsel, unterschiedliche Eigenschaften und auch unterschiedliche Fortpflanzungsmechanismen. Mir gefällt es, Natur als queer zu bezeichnen, weil die Pflanzen nicht binär, nicht normativ sind. Es gibt in der Pflanzenwelt so viele Ausnahmen, wie es Regeln gibt. Es scheint, dass alles in der Pflanzenwelt möglich ist.

Wir könnten von ihnen lernen, eine Gesellschaft diverser zu gestalten.

Das *Parliament of Plants* setzt sich auseinander mit den Rechten der Pflanzen. Das ist ein spekulatives Projekt, das die Frage stellt, wie unsere Welt aussehen würde, wenn wir nicht von Menschen regiert würden, sondern von Pflanzen. Wäre unsere Welt dann diverser oder inklusiver? Das ist natürlich reine Spekulation. Aber bevor man gute Antworten findet, muss man erst gute Fragen finden. Uns interessiert diese Fragensuche. Wir wissen zum Beispiel, dass die Pflanzen sich gegenseitig unterstützen und „Gesellschaften" bilden. Gewisse Bäume haben Wurzeln, die zusammen mit Mykorrhizen verbunden sind, und bilden damit ein Netzwerk. Wir leben in einer Gesellschaft, die sehr polarisiert ist: Die einen haben eine Meinung, die anderen eine entgegengesetzte. Diese Leute treffen sich leider kaum. In der Pflanzenwelt ist das ganz anders. Pflanzen müssen miteinander leben können, um zu überleben.

12 Studio Animal–Aided Design

Oberbillwerder Hamburg, DE 2021–2025

Promote Biodiversity! Biodiversität fördern!

Animal-Aided Design aims to create suitable habitats for wild animals and insects in cities. On the one hand, this can increase biodiversity in urban areas in the long term and, on the other, improve the coexistence of humans and animals (cohabitation). In the Hamburg district of Oberbillwerder, for example, the regional species pool has been identified and, on this basis, need-oriented habitats have been created in green spaces, including on facades, on roofs, in ponds and other areas.

Animal-Aided Design zielt darauf ab, geeignete Lebensräume für wild lebende Tiere und Insekten in Städten zu schaffen. Damit lässt sich zum einen die Biodiversität in urbanen Räumen dauerhaft erhöhen und zum anderen das Zusammenleben von Menschen und Tieren verbessern (Kohabitation). So wurden beispielsweise bei Oberbillwerder in Hamburg der regionale Artenpool ermittelt und auf Grundlage dessen bedürfnisorientierte Habitate in Grünflächen, an Fassaden, auf Dächern, in Teichen u. v. m. gestaltet.

Teichhuhn
Teichrohrsänger
Neunstachliger Stichling
Teichmolch
Zitronenfalter
Grasfrosch
Fitis
Star
Trauerschnäpper
Mauersegler
Rotkehlchen
Haussperling
Hausrotschwanz
Mehlschwalbe
Turmfalke
Dorngrasmücke
Maskenbiene
Braunbrustigel
Europäisches Eichhörnchen
Breitflügel-Fledermaus
»Auwaldartige Gehölzbestände
»Flachwasser- & Verlandungsbereiche
»Ufergehölzsäume
»Ufersäume
»Ufereinfassung mit Vegetation
»Wasserpflanzen
»Tierausstiege
Grabentiefe mind. 70 cm
»Barrierefreiheit
Gräben
»Naturspielplätze und -erlebnisräume
»Parkwälder (mit Totholz)
»Einzelbäume, -sträucher und Baumgruppen
»Staudenfluren (mit Totholz)
»Parkwiesen
»Parkrasen
Grüner Loop
»Einzelbäume und Baumgruppen
»Dichte Strauchgruppen
Landschaftsweg
»Schulhöfe und KITA-Freiräume
»Gärten
»Innenhöfe
Gärten und Höfe
»Hochpunkte für Vögel
»Biodiverse extensive Dachbegrünung Typ 3
»Biodiverse extensive Dachbegrünung Typ 2
»Biodiverse extensive Dachbegrünung Typ 1
Dächer
»Fassadenbegrünung Rankgerüst
»Fassadenbegrünung Selbstklimmer
»Fassadenbetierung für Vögel
»Fassadenbetierung für Fledermäuse
Fassaden
»Baumreihen
»Retentions- und Versickerungsflächen
»Straßengrün
»Fußgängertunnel
Straßenräume und Quartiersplätze

13 OLA Office for Living Architecture

Haus der Zukunft Berlin, DE 2012

Platanenkubus Nagold, DE 2012

Promote Biodiversity!
Biodiversität fördern!

Strongly influenced by Ferdinand Ludwig, *Baubotanik* describes a construction method in which living plants and technical components grow together to form a load-bearing composite structure. For example, young trees are arranged in such a way that, over time, they form a vegetative framework. Unlike technically constructed buildings, *Baubotanik* structures are in active exchange with their environment. They improve the microclimate, provide a habitat for many species and, in turn, require an appropriate supply of nutrients.

Die maßgeblich von Ferdinand Ludwig geprägte Baubotanik beschreibt eine Bauweise, in der lebende Pflanzen und technische Bauteile zu einer tragfähigen Verbundstruktur verwachsen. So werden beispielsweise junge Bäume so im Raum angeordnet, dass sie im Laufe der Zeit eine pflanzliche Fachwerkstruktur hervorbringen. Anders als technisch konstruierte Bauten stehen baubotanische Bauwerke in einem aktiven Austausch mit ihrer Umwelt. Sie verbessern das Mikroklima, bieten Lebensraum für zahlreiche Arten und benötigen ihrerseits eine angemessene Nährstoffversorgung.

14 WillemsenU
House Under the Ground NL 2023

Promote Biodiversity! Biodiversität fördern!

Much of the *House Under the Ground* extends deep into the ground and is covered by a thick layer of vegetation, even on the first floor. As a result, it almost seems to disappear into the landscape, both to protect it from prying eyes and to meet the needs of the animals that live in the area. A light shaft directs the sun's rays into the basement. The surrounding soil is cooled in the summer and warmed in the winter.

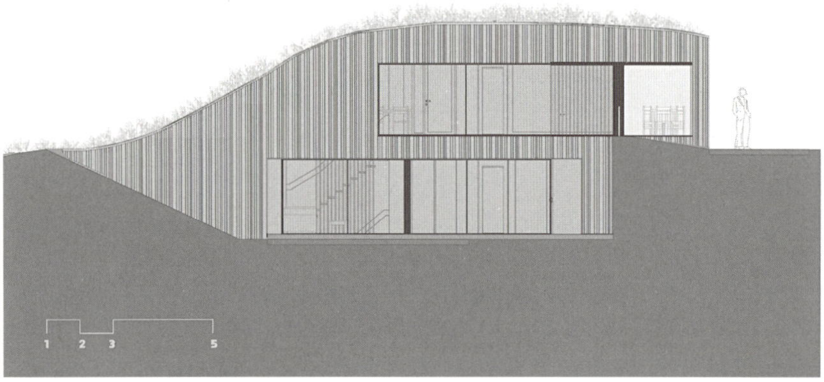

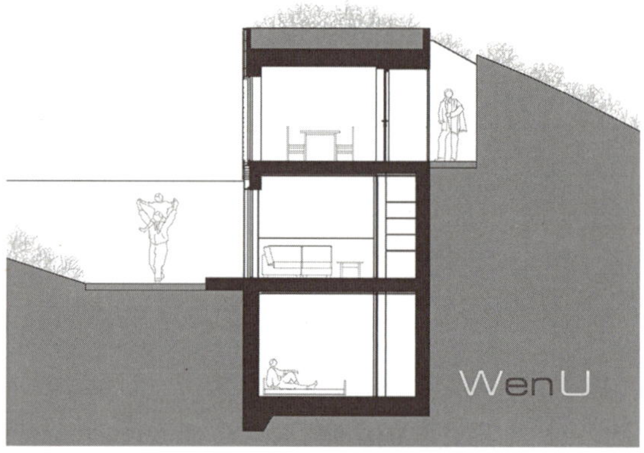

Das *House Under the Ground* erstreckt sich zu einem beträchtlichen Teil in die Tiefe des Bodens und wird selbst im 1. OG von einer beachtlichen Pflanzenschicht bedeckt. In der Konsequenz scheint es fast in der Landschaft zu verschwinden, sodass es einerseits vor Blicken von außen geschützt ist und andererseits Rücksicht auf die Bedürfnisse der in der Nachbarschaft lebenden Tiere nimmt. Ein Lichtschacht führt die Sonnenstrahlen hinunter in das Untergeschoss. Der umgebende Boden kühlt im Sommer und wärmt im Winter.

What do we really need? And what could we easily do without? Wouldn't focusing on the essentials perhaps even make us happier? This question has a philosophical dimension, but it also arises in everyday life for very practical reasons: reducing global resource consumption is a matter of urgency.

In this context, sufficiency is understood as a question of right measure. Not everything that seems convenient today is really useful. This applies to personal needs as well as to technical solutions and legal regulations. With this in mind, it is important to take a critical look at our building practices: how can we use existing resources more efficiently? Where can we dispense with high-tech options and achieve satisfactory results with low-tech solutions? When is it better to use locally available building materials, such as wood or clay? There are endless opportunities to reduce our everyday consumption without being too restrictive.

Practice Contentment!

Genügsamkeit üben!

Was brauchen wir eigentlich wirklich? Und worauf könnten wir auch gut verzichten? Würde uns die Konzentration auf das Wesentliche nicht vielleicht sogar glücklicher machen? Die Frage hat eine philosophische Dimension, stellt sich im Alltag aber aus ganz praktischen Gründen: Der weltweite Ressourcenverbrauch muss dringend reduziert werden.

Unter Suffizienz versteht man vor diesem Hintergrund die Frage nach dem richtigen Maß. Nicht alles, was heute als komfortabel erscheint, ist auch wirklich sinnvoll. Das betrifft den persönlichen Bedarf ebenso wie technische Lösungen oder rechtliche Vorschriften. In diesem Sinne gilt es, unsere baulichen Praktiken kritisch zu hinterfragen: Wie lassen sich vorhandene Ressourcen effizienter nutzen? Wo können wir auf Hightech-Varianten verzichten und mit Lowtech-Lösungen zufriedenstellende Ergebnisse erzielen? Wann stellt der Einsatz von regionalen Baustoffen wie Holz oder Lehm die bessere Wahl dar? Im Grunde gibt es unendlich viele Möglichkeiten, unseren alltäglichen Ressourcenverbrauch ohne allzu große Einschränkungen zu reduzieren.

15 Lehm Ton Erde
Erden Pure Walls / Wohnhaus AT

Practice Contentment!
Genügsamkeit üben!

Martin Rauch's encounter with simple and resource-efficient building methods in Africa led him to take a critical look at the very elaborate but ecologically inferior building techniques of the industrialised world. His work therefore follows a holistic philosophy in which technical skill, artistic design and sustainable building go hand in hand. At the heart of his work is the rammed earth technique, which he uses in a wide range of interior and exterior projects, from sculptural objects to the *Campus St. Michael* with Anna Heringer. The clay mixture is poured into layers of formwork and compacted by tamping.

Die Begegnung mit einfachen und ressourcenschonenden Bauweisen in Afrika ließ Martin Rauch kritisch auf die sehr aufwendigen, ökologisch aber viel schlechteren Bautechniken der Industrienationen blicken. In seinem Wirken verfolgt er daher eine ganzheitliche Philosophie, in der handwerklich technische Fertigkeiten, künstlerische Gestaltung und nachhaltiges Bauen Hand in Hand gehen. Der Fokus seiner Arbeit liegt auf der Stampflehmtechnik, die er in vielfältigen Projekten im Innen- und Außenbereich anwendet – von skulpturalen Objekten bis zum *Campus St. Michael* mit Anna Heringer. Die Lehmmasse wird hierbei lagenweise in eine Schalung eingeschüttet und durch Stampfen verdichtet.

16 Studio Anna Heringer
Campus St. Michael Traunstein, DE 2025

Practice Contentment!
Genügsamkeit üben!

The rammed earth building on the *Campus St. Michael* is a pioneering achievement by the architect Anna Heringer. Earth is a completely sustainable building material that can be taken from the ground on-site and returned to it without releasing any pollutants. It is a globally available resource and a valuable alternative in the construction sector from a climate, environmental and social point of view.

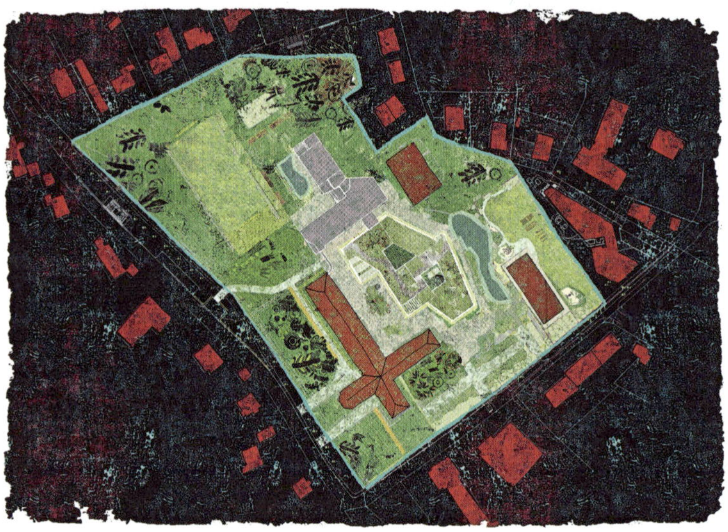

Der Lehmstampfbau auf dem *Campus St. Michael* ist eine Pionierleistung der Architektin Anna Heringer. Lehm ist ein absolut nachhaltiger Baustoff, der vor Ort dem Boden entnommen und, ohne Schadstoffe freizusetzen, wieder dorthin zurückgeführt werden kann. Er ist eine weltweit verfügbare Ressource und klimatechnisch, ökologisch wie auch sozial eine wertvolle Alternative auf dem Bausektor.

Anna Heringer

A Plea for Building with Loam

Ein Plädoyer für den Lehmbau

Practice Contentment!

Genügsamkeit üben!

Loam, or rammed earth, is a material that lies beneath our feet all over the planet and is wonderfully suited as a building material. When it comes to environmental sustainability, loam is the champion. It's the only material I can take directly and raw from nature, from the building site. It is very easy to repair. And when I no longer need the building, I can return the material back into the natural cycle by planting a garden on it. I can also recycle it as often as I like without any loss of quality. Loam can be worked with your bare hands, low-tech so to speak, just as well as with high-tech methods. You can also mix these methods, resulting in a sustainable building strategy that can be applied globally, not just for one part of the world's population. I think it's a very fair approach because everyone has access to it. So it's a fair and equitable material. In every project process, I try to involve the users; the nice thing is that loam really is the most inclusive building material. There are materials that are toxic or require a lot of tools that can potentially cause injury. That is not the case with loam. On our construction sites, we have had children come in after class to help build their own school. We have had people with disabilities on many construction sites, as well as people who would otherwise be too old to help. And we found a good task for everyone, one that was not overwhelming but still necessary. I think that's very important because everyone wants to feel needed. With every building project, you not only get a building, you're also building a community. That's such a wonderful power that's inherent in the building process – something that I have become particularly aware of when building in the Global South. Just as we involved the future residents, namely the schoolchildren, in Bangladesh, so too were the future users of the *Campus St. Michael* involved over several weekends. For example, the students built their chill-out area together or made loam reliefs for the walls. The urge to build can be lived out here, and the community is also supported.

All humans have an urge to build. If you think back to your own childhood, everyone likes to play at building, whether it's with blankets, twigs, cardboard boxes or whatever. It's part of our DNA.

And then, of course, loam also has climatic properties. It balances the humidity in the

Lehm ist ein Material, das überall auf dem Planeten zu unseren Füßen liegt und als Baumaterial wunderbar verwertbar ist. Wenn es um ökologische Nachhaltigkeit geht, ist Lehm der Champion. Es ist das einzige Material, das ich aus der Natur, vom Baugrund, direkt und roh nehmen kann. Jede Reparatur ist kinderleicht durchzuführen. Und wenn ich das Gebäude nicht mehr brauche, kann ich das Material zurückgeben in die natürlichen Kreisläufe und einen Garten darauf pflanzen. Ich kann es auch recyceln, sooft ich will, ohne jeden Qualitätsverlust. Lehm kann mit den bloßen Händen, lowtech sozusagen, bearbeitet werden, genauso gut wie hightech. Man kann diese Verfahren auch mischen, dadurch ergibt sich eine Strategie für nachhaltiges Bauen, die global anwendbar und nicht nur für einen Teil der Weltbevölkerung möglich ist. Das halte ich für einen sehr fairen Ansatz, denn jede*r hat einen Zugang dazu. Deswegen ist es ein faires und ein gerechtes Material. Bei jedem Projektprozess versuche ich, die Nutzer*innen miteinzubeziehen, und das Schöne ist, dass Lehm wirklich das inklusivste Baumaterial ist. Es gibt Materialien, die sind toxisch oder man braucht sehr viele Werkzeuge, an denen man sich potenziell verletzen kann. Dies ist beim Lehm nicht der Fall. Auf unseren Baustellen waren Kinder nach dem Unterricht dabei, um mitzuhelfen beim Bau ihrer eigenen Schule. Wir haben Menschen mit Behinderungen auf vielen Baustellen gehabt oder Menschen, die eigentlich viel zu alt wären, um mitzuhelfen. Und wir haben für jede*n eine gute Arbeit gefunden, eine, die nicht überfordert, aber nötig ist. Das finde ich ganz wichtig, denn jeder Mensch möchte gebraucht werden. Bei jedem Bauprojekt hat man nicht nur ein Gebäude als Ergebnis, sondern man baut gleichzeitig auch eine Gemeinschaft mit auf. Das ist so eine wunderbare Kraft, die im Prozess des Bauens steckt – was mir vor allem beim Bauen im Globalen Süden bewusst geworden ist. Genauso wie wir in Bangladesch die zukünftigen Bewohner*innen, also die Schulkinder, miteinbezogen haben, wurden auch im *Campus St. Michael* die zukünftigen Nutzer*innen über mehrere Wochenenden miteinbezogen. Die Schüler*innen haben dann zum Beispiel ihre Chill-out-Area gemeinsam gebaut oder Lehmreliefs für die Wände gemacht. Der Drang des Selberbauens kann hier ausgelebt werden und zusätzlich wird die Gemeinschaft gefördert.

building perfectly. We all know what it's like in winter, when it's too dry. Our mucous membranes dry out and so on. This has a major impact on our sense of well-being indoors. In contrast, there's a wonderful atmosphere in a rammed earth building. You really feel embraced by the earth. Humanity has grown up in such close relationship with this material. And we simply feel safe there. We also have this symbol, Mother Earth. And it conveys a maternal feeling.

The challenge of building with loam, especially here in Europe, is the current lack of true-cost pricing for all materials. When we buy a bag of cement or a kilo of steel, the CO_2 price is not properly calculated, nor is it taken into account if and how much the material is recyclable and how much waste it leaves behind. This is unacceptable, because the damage done to the climate should also be priced. At present, the costs are passed on to future generations, to the global community. These costs should be included in the purchase price. Then, of course, an unsustainable construction method would be considerably more expensive than a rammed earth construction using local soil. The only problem we have at the moment is that the human energy required for the craft is heavily taxed, unlike energy sources that produce CO_2 or are non-renewable. This has to change. Our economic system is not a force of nature, it is man-made. So we need to reform it. The poorest people in the world can afford to build a rammed earth house – for us it is more expensive than a concrete house. We have to change this policy framework of false subsidies.

Loam as a building material also has its limitations, especially, of course, because of its vulnerability to the local climate. But that's what makes it so fascinating, because it means that a rammed earth building in Bangladesh looks different from one in Ghana or Germany. The composition of loam is different everywhere. In our country, for example, there are stones in it, which makes rammed earth a very good building material. If you play with the material, take these specifications seriously – and don't impose an identity on loam that doesn't suit it – then you get architecture that is really tailored to a place. That's basically the essence of our building culture. Historically, we have always looked at what is available locally, what the local climate is like, and how we can make the best of those parameters. The result is architecture that is authentic and has a real radiance.

Jeder Mensch hat den Drang zu bauen in sich. Wenn man sich an seine eigene Kindheit erinnert, spielt jede*r gerne Bauen, egal ob es jetzt mit Decken, mit Zweigen, mit Kartons oder was auch immer ist. Das heißt, das ist Teil unserer menschlichen DNA.

Und dann hat Lehm natürlich auch klimatische Eigenschaften. Er balanciert das Raumklima perfekt aus, wenn es um die Luftfeuchtigkeit geht. Das kennen wir alle im Winter, wenn es zu trocken ist. Die Schleimhäute trocknen aus usw. Das hat eine große Auswirkung auf unser Wohlgefühl in Räumen. Es herrscht eine wunderbare Atmosphäre in einem Lehmgebäude. Man fühlt sich erst einmal wirklich umarmt von der Erde. Die Menschheit ist in so enger Beziehung zu diesem Material groß geworden. Und da fühlen wir uns einfach geborgen. Wir haben ja auch dieses Symbol, die Mutter Erde. Und es vermittelt ein mütterliches Gefühl.

Die Herausforderung beim Bauen mit Lehm, vor allem bei uns in Europa, ist im Moment die mangelnde Kostenwahrheit für sämtliche Materialien. Wenn wir jetzt einen Sack Zement kaufen oder ein Kilo Stahl, dann ist weder der CO_2-Preis ordentlich berechnet noch ist mitbedacht, ob und inwieweit das Material recycelbar ist und wie viel Müll es einmal hinterlässt. Das ist nicht etwas, was wir akzeptieren sollten, denn auch die Klimaschädlichkeit müsste bepreist sein. Derzeit werden die Kosten abgewälzt auf die kommenden Generationen, auf die Weltgemeinschaft. Diese Kosten müsste man beim Kaufpreis mit einrechnen. Dann wäre eine nicht nachhaltige Bauweise natürlich wesentlich teurer als ein Lehmbau, bei dem man die lokale Erde verarbeitet. Nur haben wir derzeit das Problem, dass die menschliche Energie, die das Handwerk einfordert, sehr hoch besteuert ist – im Gegensatz zu Energiequellen, die CO_2 verursachen oder nicht regenerativ sind. Diese Rahmenbedingungen gilt es zu ändern. Unser Wirtschaftssystem ist keine Naturgewalt, das haben Menschen gemacht. Also müssen wir es reformieren. Die Ärmsten auf der Welt können es sich leisten, ein Lehmhaus zu bauen – bei uns ist es teurer als ein Betonhaus. Dieses politische Rahmenwerk der falschen Subventionen müssen wir ändern.

Lehm als Baustoff hat auch seine Grenzen, vor allem natürlich aufgrund seiner Verletzlichkeit gegenüber dem örtlichen Klima. Das ist aber gerade das Spannende, denn dadurch sieht ein Lehmbau in Bangladesch anders aus als in Ghana oder in Deutschland. Die Zusammensetzung von Lehm ist überall eine andere. Bei uns zum Beispiel sind Steine darin, deswegen ist dieser Stampflehm ein sehr gutes Baumaterial. Wenn man mit dem Material spielt, diese Vorgaben ernst nimmt – und Lehm keine Identität aufzwingt, die ihm nicht entspricht –, dann erhält man eine Architektur, die wirklich zugeschnitten ist auf einen Ort. Das ist im Grunde auch das Wesen unserer Baukultur. Früher haben wir immer geschaut, was steht uns vor Ort zur Verfügung, wie sieht das lokale Klima aus und wie kann ich das Beste aus diesen Parametern machen. Dadurch entsteht eine Architektur, die authentisch ist und der eine echte Strahlkraft innewohnt.

17 Andrés Jaque / Office for Political Innovation

Reggio School Madrid, ES 2022

Practice Contentment! Genügsamkeit üben!

The design, construction and utilisation of this building are intended to go beyond the principles of ecology. The aim of the school building was to explore issues of sustainability at a fundamental level, in order to develop a model approach to environmental impact, reduced and experimental use of materials, collective action, pedagogy and more-than-human alliances resulting from the architecture.

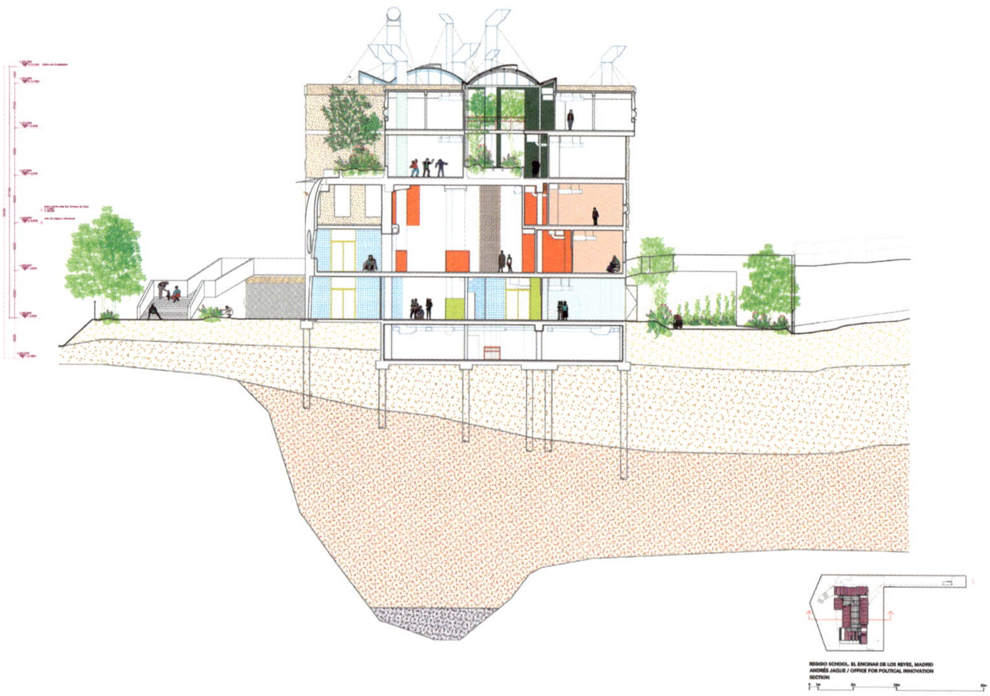

Entwurf, Konstruktion und Nutzung dieses Gebäudes sollten über die Prinzipien der Ökologie hinausgehen. Ziel des Schulbaus war eine grundsätzliche Auseinandersetzung mit Fragen der Nachhaltigkeit für einen modellhaften Umgang mit Umweltauswirkungen, reduziertem und experimentellem Materialeinsatz, kollektivem Handeln, Pädagogik sowie mehr als menschlichen Allianzen, die sich durch die Architektur ergeben.

18 Proarh
Hiža Kumrovec, HR 2011–2015

Practice Contentment!
Genügsamkeit üben!

Hiža **is a traditional house in Croatia that has been renovated in wood and thatch by the Proarh architectural firm, respecting the local heritage. The original shape of the house has been preserved, while the veranda has been replaced by a modern glass cube.**

Bei *Hiža* handelt es sich um ein traditionelles Haus in Kroatien, das vom Architekturbüro Proarh unter Berücksichtigung des lokalen Erbes mit Holz und Stroh renoviert worden ist. Die ursprüngliche Form des Hauses blieb erhalten, während die Veranda durch einen modernen Glaskubus ersetzt wurde.

19 DP6 architectuurstudio *The Natural Pavilion* Almere, NL 2022

Practice Contentment!
Genügsamkeit üben!

The Natural Pavilion **was built for the Floriade Expo 2022. 95 per cent of the materials used are bio-based and renewable. In addition to the wood used for the frame, which comes from the Netherlands, all the interior walls are made from agricultural and horticultural waste, such as straw, flax, pepper stalks and spinach seeds. The window glass was recycled from a government building in The Hague. The *Pavilion* also demonstrates how flora and fauna can be integrated into the built environment. Thanks to the special connecting elements, it can be completely disassembled and reassembled in a different configuration.**

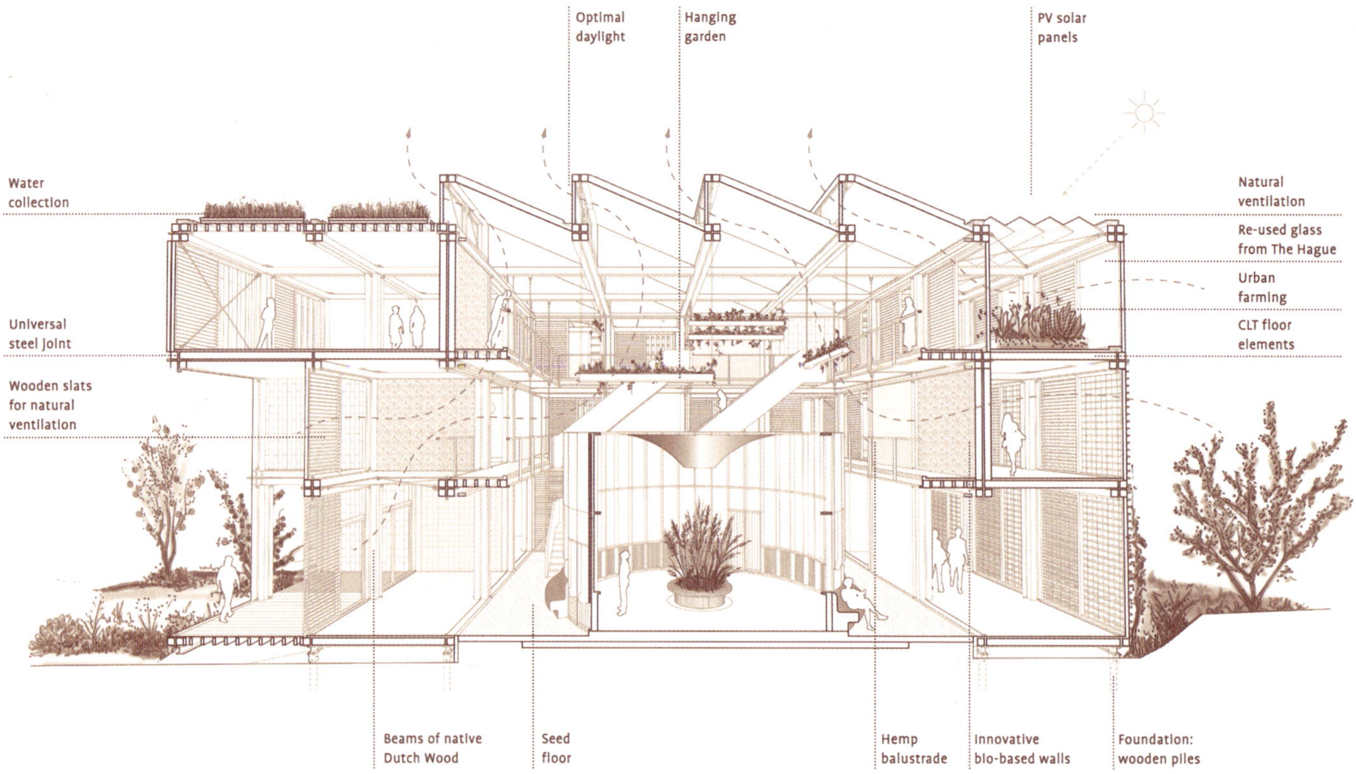

Der *Natural Pavilion* wurde für die Floriade Expo 2022 gebaut. 95 Prozent der verwendeten Materialien sind biobasiert und erneuerbar. Neben dem aus den Niederlanden stammenden Holz des Rahmens bestehen alle Innenwände aus Reststoffen von Landwirtschaft und Gartenbau wie Stroh, Flachs, Paprikastängel und Spinatsamen. Das Fensterglas stammt aus einem Regierungsgebäude in Den Haag und wurde wiederverwendet. Darüber hinaus veranschaulicht der Pavillon, wie Flora und Fauna in die gebaute Umwelt eingebettet werden können. Dank der besonderen Verbindungsstücke kann er vollständig demontiert und in einer anderen Konfiguration wieder aufgebaut werden.

20 Technical University of Munich, Florian Nagler

Practice Contentment! Genügsamkeit üben!

6 Forschungshäuser / Einfach Bauen

Bad Aibling, DE
2019–2026

In order to reduce the complexity of construction and building technology, architects and engineers from the Technical University of Munich have been involved in the "Einfach Bauen" (Build Simply) network since 2012. On the one hand, the almost confusing multitude of building laws, norms and standards weighs heavily on the shoulders of architects and builders. On the other hand, living comfort and quality of life can be improved by simple means such as room heights or handcrafted finishes. To investigate the benefits of simple construction, three houses with almost identical floor plans were first built in wood, concrete and brick, and systematically compared over a longer period of time. Three more houses are currently under construction.

Um die Komplexität der Konstruktion und Gebäudetechnik zu reduzieren, engagieren sich Architekt*innen und Ingenieur*innen der TU München seit 2012 für den Verbund „Einfach Bauen". Zum einen, weil die schier unübersichtliche Vielzahl an Baugesetzen, Normen und Standards schwer auf den Schultern von Architekt*innen und Bauherr*innen lastet. Zum anderen, weil Wohnkomfort und Aufenthaltsqualität auch mit simplen Mitteln wie Raumhöhen oder handwerklichen Fertigungen zu steigern sind. Um die Vorteile von „Einfach Bauen" zu erforschen, wurden zunächst drei Häuser mit nahezu identischen Grundrissen aus Holz, Beton und Ziegeln errichtet und über einen längeren Zeitraum systematisch miteinander verglichen. Drei weitere Häuser werden derzeit errichtet.

Practice Contentment!

Genügsamkeit üben!

Florian Nagler

"Einfach Bauen" and the Six Research Houses in Bad Aibling

„Einfach Bauen" und die sechs Forschungshäuser in Bad Aibling

I've been working on sustainable building for 30 years because I am convinced that we should not leave a mountain of hazardous waste for future generations, but rather buildings that can be used for a long time and, in the best case, returned to the cycle of nature after demolition.

"Einfach Bauen" (Build Simply) is a principle that arose in response to the way we used to build. In the past, we tried to build very consciously in terms of energy. But that became more and more complicated, more and more technically demanding. It costs a lot of money, and in practice it does not deliver what we had hoped for. So we thought there must be a simpler way to get a good result.

You can only build simply if you've designed simply. That's why we have to be clear about what we really need. And once we've decided to scale back our demands, and realised that we can actually live a healthy, meaningful and happy life with less, then we can design very simple solutions.

I think we've shown that you don't necessarily need a lot of furnishings and especially not a lot of technical equipment to live in a beautiful house. The quality of our research houses in Bad Aibling, for example, lies primarily in the height of the rooms. We have rooms that are 3.1 metres high, and everyone experiences this as a great luxury, even though they have otherwise relatively spartan apartments.

Of course, we also want electric light and a functioning bathroom in our homes, but we don't need much else. So, we leave out most of the building technology. We don't have a ventilation system with heat recovery and no smart home – just light switches, on/off. There's a radiator on the wall and a sanitary unit with a toilet, sink and shower or bath. But that's about it.

There are a lot of buildings that are a couple of hundred years old that have a solid support structure, a solid construction, and the building technology can change all the time and they still stand there quietly and take it. I think we need to build houses like that.

Ich beschäftige mich damit, wie man nachhaltig baut, schon seit 30 Jahren, weil ich der Überzeugung bin, dass wir den nachkommenden Generationen nicht einen Berg an Sondermüll überlassen sollten, sondern Häuser, die langfristig genutzt und im besten Fall nach dem Rückbau in den Kreislauf der Natur zurückgeführt werden können.

„Einfach Bauen" ist ein Prinzip, das als Reflex auf die Art und Weise, wie wir davor gebaut haben, entstanden ist. Früher haben wir nämlich versucht, energetisch sehr bewusst zu bauen. Das wurde aber immer komplizierter, technisch immer aufwendiger. Das kostet viel Geld und bringt hinterher in der Praxis nicht das, was wir uns davon versprochen haben. Deswegen haben wir gedacht, es muss doch eigentlich auch einen einfacheren Weg geben, wie man zu einem guten Ergebnis kommt.

Einfach bauen kann man nur dann, wenn man vorher einfach entworfen hat. Deshalb müssen wir uns vorher bewusst werden, was wir wirklich brauchen. Und wenn wir entschieden haben, dass wir unsere Ansprüche zurücknehmen und eigentlich auch mit weniger ein gesundes, vernünftiges und glückliches Leben führen können, dann können wir auch wirklich sehr einfache Lösungen entwickeln.

Ich finde, dass wir gezeigt haben, dass man nicht unbedingt viel Ausstattung und vor allem nicht viel technische Ausstattung braucht, um in einem schönen Haus zu wohnen. Die Qualität unserer Forschungshäuser in Bad Aibling besteht für die Bewohner*innen zum Beispiel vor allen Dingen in der Raumhöhe. Wir haben 3,1 Meter hohe Räume und das empfinden alle als grandiosen Luxus, obwohl sie ansonsten relativ spartanische Wohnungen haben.

Natürlich wollen wir auch elektrisches Licht und eine funktionierende Sanitäreinheit in der Wohnung haben, aber wir brauchen nicht viel mehr. Also lassen wir hauptsächlich Haustechnik weg. Bei uns gibt es keine Lüftungsanlagen mit Wärmerückgewinnung und kein Smart Home, sondern Lichtschalter, ein/aus. Es hängt ein Heizkörper an der Wand und dann gibt es noch eine Sanitäreinheit

At some point, we went down the road of technology solving all the problems, and then we realised that although it solves a lot of problems, it also creates new ones, and we don't really have control over it. That's why we should focus on what architecture itself can do.

For example, you shouldn't be surprised if you need a lot of technology in a house that is fully glazed. The sun shines in, so I have to keep it out somehow, I have to cool, I have to ventilate and so on. You don't have to do any of that if you reduce the amount of glazing to a reasonable level. And it requires a certain compactness. If I have less external surface area, I need to heat less.

If you follow these points, you can build simply and, above all, cheaply, and create affordable living space even today. This was the background to our research project. How can we manage to create affordable living space in the future? And I believe it is possible.

mit WC, Waschbecken und Dusche oder Badewanne. Das war es dann aber auch schon.

Es gibt ja viele Häuser, die sind ein paar Hundert Jahre alt, die haben eine robuste Tragwerkstruktur, eine robuste Baukonstruktion und da kann sich die Haustechnik noch x-mal ändern und die stehen trotzdem ganz gelassen da und halten das aus. Ich glaube, solche Häuser müssen wir bauen. Wir sind ja irgendwann mal abgebogen auf den Pfad, die Technik löse alle Probleme, und dann haben wir gemerkt, die löst zwar viele Probleme, sie schafft aber auch wieder neue, und wir haben es eigentlich nicht so richtig im Griff. Deshalb sollten wir uns darauf besinnen, auf das zu setzen, was die Architektur selber kann.

Man muss sich zum Beispiel nicht wundern, wenn man viel Technik in einem Haus braucht, das voll verglast ist. Da scheint die Sonne rein, die muss ich irgendwie draußen halten, da muss ich kühlen, da muss ich lüften usw. Das muss man alles nicht, wenn man den Verglasungsanteil auf ein vernünftiges Maß reduziert. Und es gehört eine gewisse Kompaktheit dazu. Habe ich weniger Außenfläche, muss ich weniger heizen.

Wenn man solche Punkte befolgt, kann man wirklich einfach und vor allem auch günstig bauen, auch heute noch bezahlbaren Wohnraum schaffen. Das ist ja eigentlich der Hintergrund unseres Forschungsprojekts gewesen. Wie bekommen wir das hin, in Zukunft noch bezahlbaren Wohnraum zu schaffen? Und ich glaube, es geht.

21 Hermann Kaufmann Architekten

Practice Contentment!
Genügsamkeit üben!

TUM Forschungsstation Friedrich N. Schwarz

Berchtesgaden, DE
2019

The Technical University of Munich had a research station built in the middle of the Berchtesgaden National Park at an altitude of 1,262 metres. The parts of the building that come into contact with the ground are made of reinforced concrete, while the rest is made of solid timber. The house is designed to be completely self-sufficient. A high-performance hybrid photovoltaic/solar thermal module and a combined heat and power plant fuelled by rapeseed oil provide the energy and heat, while treated surface water and a small biological sewage treatment plant cover the sanitary needs.

Inmitten des Nationalparks auf 1.262 Meter Höhe ließ die TU München eine Forschungsstation errichten. Die erdberührten Bauteile des Gebäudes sind in Stahlbeton ausgeführt, alle anderen in Massivholz. Das Haus wurde komplett autark konzipiert. Ein leistungsstarkes Hybridmodul aus Photovoltaik und Solarthermie sowie ein Blockheizkraftwerk auf Rapsölbasis sorgen für die Energie- und Wärmegewinnung, während aufbereitetes Oberflächenwasser und eine biologische Kleinkläranlage die sanitären Bedürfnisse abdecken.

22 Kaden+ *Globe* Coburg, DE 2020–2023

Practice Contentment!
Genügsamkeit üben!

Originally planned as a temporary alternative venue to the State Theatre, the building is a valuable contribution to the long-term development of the former railway station site as a multi-functional venue. *Globe* was designed as a multi-storey building in solid timber construction. The centrepiece of the building complex is a striking rotunda in a hybrid timber construction. An eye-catching wooden lamella facade extends over the full height of the building.

Zunächst als temporäre Ausweichspielstätte für das Landestheater geplant, leistet der Theaterbau als multifunktionale Spielstätte einen wertvollen Beitrag zur langfristigen Entwicklung des ehemaligen Bahnhofsareals. Das *Globe* ist als mehrgeschossiger Holzbau in Massivholzbauweise konzipiert. Den Mittelpunkt des Gebäudekomplexes bildet ein markanter Rundbau in Holzhybridbauweise. Eine prägnante Holzlamellenfassade zieht sich über die gesamte Höhe des Bauwerks.

GLOBE COBURG

23 heri & salli

Forum am Seebogen Vienna, AT 2018 2022

Practice Contentment! Genügsamkeit üben!

How can the possibilities of timber construction be further developed and high-quality living space be created in a short period of time? The *Forum am Seebogen* is a prototype for the future potential of modular and system construction. The podium zone has a largely public character and can be used in a variety of ways. Variations and combinations of prefabricated basic modules create different housing typologies. Small units can be used as micro-working units or shared infrastructure.

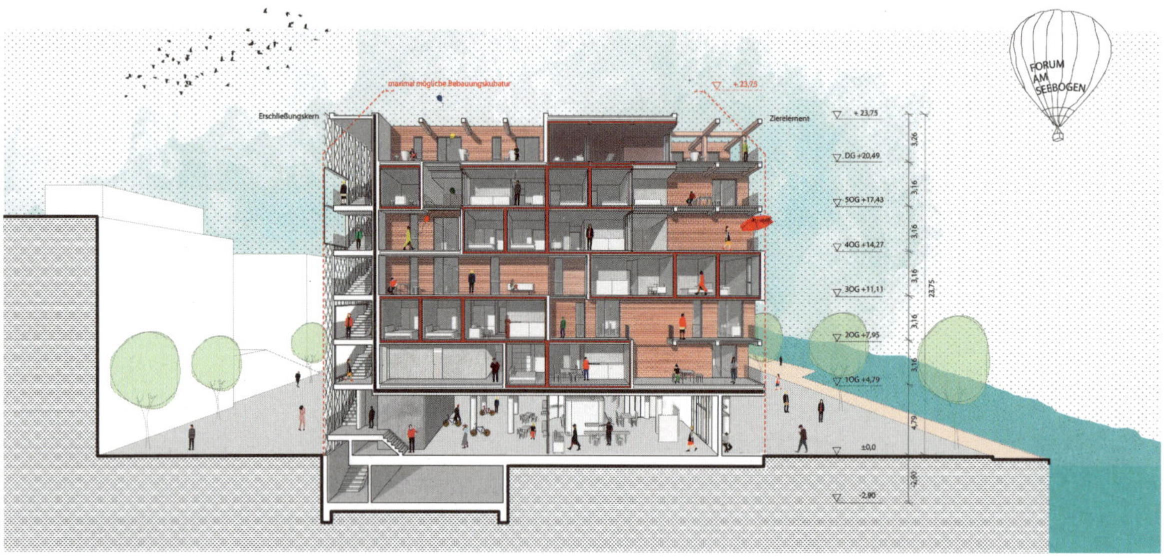

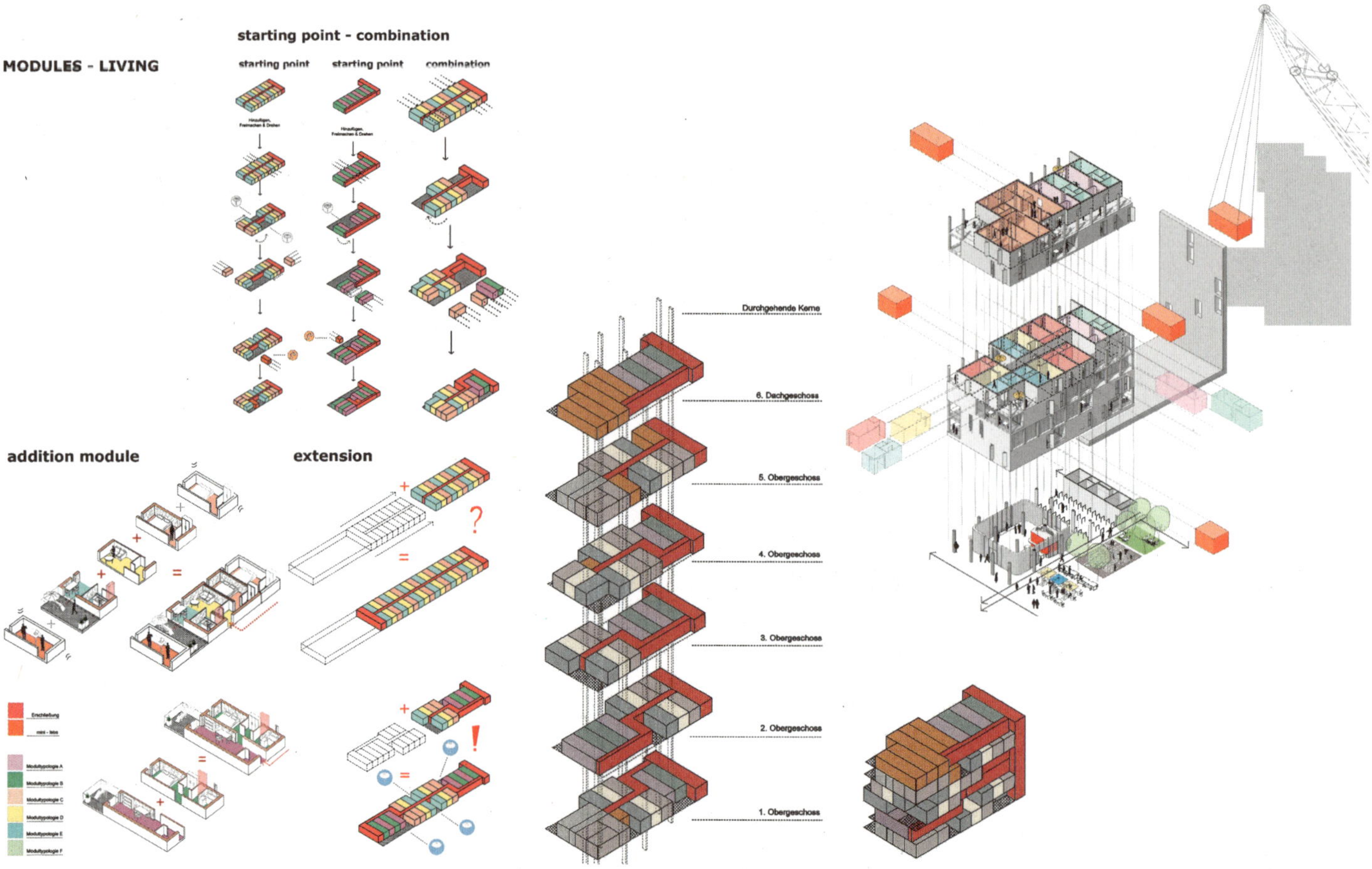

Wie können die Möglichkeiten des Holzbaus weiterentwickelt werden und wie lässt sich in kurzer Zeit qualitativer Wohnraum schaffen? Mit dem *Forum am Seebogen* wurde ein Prototyp für zukünftige Potenziale von Modul- und Systembauweisen entwickelt. Die Sockelzone besitzt weitgehend öffentlichen Charakter und kann unterschiedlich genutzt werden. Über Variationen und Kombinationen vorgefertigter Grundmodule werden unterschiedliche Wohnungstypologien erzeugt. Kleine Einheiten können als Micro-Working-Units oder Shared Infrastructures eingesetzt werden.

The European city is built. This sentence may seem provocative to many. After all, there is a shortage of living space, and the inhospitality of some urban neighbourhoods is hard to accept. The fact is, however, that the consumption of land and the sealing of soil cannot go on as before. At the same time, every time a building is demolished, an enormous amount of material and energy is wasted. As a result, there is a growing demand to conserve existing buildings, adapt them to changing needs, consolidate usable space and optimise the utilisation concepts. The spectrum of measures ranges from the renovation and conversion of existing buildings to large-scale transformation processes covering entire areas and urban districts.

Revitalise the Existing Stock!

Bestand revitalisieren!

Die europäische Stadt ist gebaut. Dieser Satz mag für viele eine Provokation darstellen. Immerhin fehlt es an ausreichend Wohnraum und die Unwirtlichkeit so mancher Stadtquartiere ist kaum zu akzeptieren. Tatsächlich kann es mit dem Verbrauch von Flächen und der Versiegelung von Böden nicht mehr so weitergehen wie bisher. Gleichzeitig stellt jeder Abriss eines Gebäudes eine gewaltige Verschwendung von Material und Energie dar. In der Konsequenz wird immer öfter gefordert, den vorhandenen Bestand zu erhalten und an sich verändernde Bedürfnisse anzupassen, Nutzflächen zu verdichten und Nutzungskonzepte zu optimieren. Das Spektrum der Maßnahmen reicht von der Renovierung und dem Umbau existierender Altbauten bis zu groß angelegten Transformationsprozessen ganzer Areale und Stadtquartiere.

24 Brandlhuber + Emde, Burlon

Antivilla Potsdam, DE 2010–2015

Revitalise the Existing Stock! Bestand revitalisieren!

The spacious 500-square-metre premises on the banks of Lake Krampnitz near Potsdam fit the image of a wealthy bourgeois villa. However, this cliché is undermined by the way the old GDR lingerie factory from the 1980s has been treated: legend has it that friends and family were invited to simply knock holes in the walls of the building themselves to open up the view. The largely gutted interior is divided by curtains into different climate zones, with a functional core at the centre, containing a kitchen, fireplace, sauna and bathroom.

Die großzügigen Räumlichkeiten von rund 500 Quadratmeter am Krampnitzsee bei Potsdam entsprechen durchaus der Vorstellung, die man gemeinhin von einer Villa des wohlhabenden Bürgertums hat. Unterlaufen wird dieses Klischee allerdings von der Art und Weise, wie mit dem alten DDR-Nähbetrieb der 1980er Jahre umgegangen wird: Der Legende nach wurden Freunde und Familien eingeladen, selbst Löcher in die Mauern des Gebäudes zu schlagen, um den Blick freizugeben. Der weitgehend entkernte Innenraum wird mithilfe von Vorhängen in verschiedene Klimazonen aufgeteilt, in deren Mitte ein Funktionskern mit Küche, Kamin, Sauna und Bad angesiedelt ist.

25 Studio Bua
Hlöðuberg Skarðsströnd, IS 2021

Revitalise the Existing Stock!
Bestand revitalisieren!

Studio Bua has transformed an abandoned stone barn in western Iceland into a new artist's studio and residence. The barn was originally built in 1937 and is located on a remote former farm overlooking the Breiðafjörður Nature Reserve. The harsh climate of the area has taken its toll over time. The conversion now conveys an even greater sense of peace, security and freedom.

Studio Bua verwandelte eine verlassene Steinscheune im Westen Islands in ein neues Wohngebäude und Künstleratelier. Die Scheune wurde ursprünglich 1937 errichtet und befindet sich abgelegen auf einem ehemaligen Bauernhof mit Blick auf das Naturschutzgebiet Breiðafjörður. Das raue Klima der Umgebung hat ihr im Laufe der Zeit heftig zugesetzt. Umso stärker vermittelt der Umbau ein Gefühl von Ruhe, Geborgenheit und Freiheit.

Revitalise the Existing Stock!
Bestand revitalisieren!

26 Architecten Jan de Vylder Inge Vinck

House Rot–Ellen–Berg Braives, BE 2011

There are many good reasons not to simply demolish an old building, but to convert it creatively. The *House Rot-Ellen-Berg* in the Flemish village of Melden shows that this can be achieved in a sophisticated way using very simple and, above all, cost-effective means. The exterior walls and especially the front facade, which gives the building its identity, were retained. For the interior, prefabricated systems of concrete formwork and greenhouses were used to create a new glass house-within-a-house. Large sliding doors allow the living space to adapt to the changing seasons, extending into the warm zones around the fireplace in winter and into the whole building ensemble in summer.

Es gibt viele gute Gründe dafür, ein altes Haus nicht einfach abzureißen, sondern kreativ umzugestalten. Dass dies auf anspruchsvolle Weise auch mit sehr einfachen und vor allem kostengünstigen Mitteln zu bewerkstelligen ist, veranschaulicht das *House Rot-Ellen-Berg* im flämischen Dorf Melden. Die äußeren Mauern und vor allem die identitätsstiftende Frontfassade des Gebäudes wurden erhalten. Für den Innenausbau wurde auf vorgefertigte Systeme von Betongussformen und Gewächshäusern zurückgegriffen. Mit ihnen wurde im Eigenbau ein neues „Haus im Haus" aus Glas geschaffen. Große Schiebetüren erlauben es, den Wohnraum an wechselnde Jahreszeiten anzupassen, sodass er sich im Winter auf Wärmezonen rund um den Kamin und im Sommer auf das gesamte Gebäudeensemble erstreckt.

27 Littoral *Fieffe*

Bordeaux, FR
2023

Revitalise the Existing Stock!
Bestand revitalisieren!

The conversion of the former workshop into a small three-storey residential building represents a simple yet radical intervention in the existing building structure, while at the same time respecting the historic setting of the site. The former floor was removed and replaced with polished concrete slabs, a staircase and a skylight to allow light, air and warmth into the basement. The stone facade facing the inner courtyard was extensively broken through and connected to the terrace, allowing for good ventilation and plenty of sunlight. The old, suspended ceiling under the roof was also removed, increasing the room volume and creating a small mezzanine level for the bedroom.

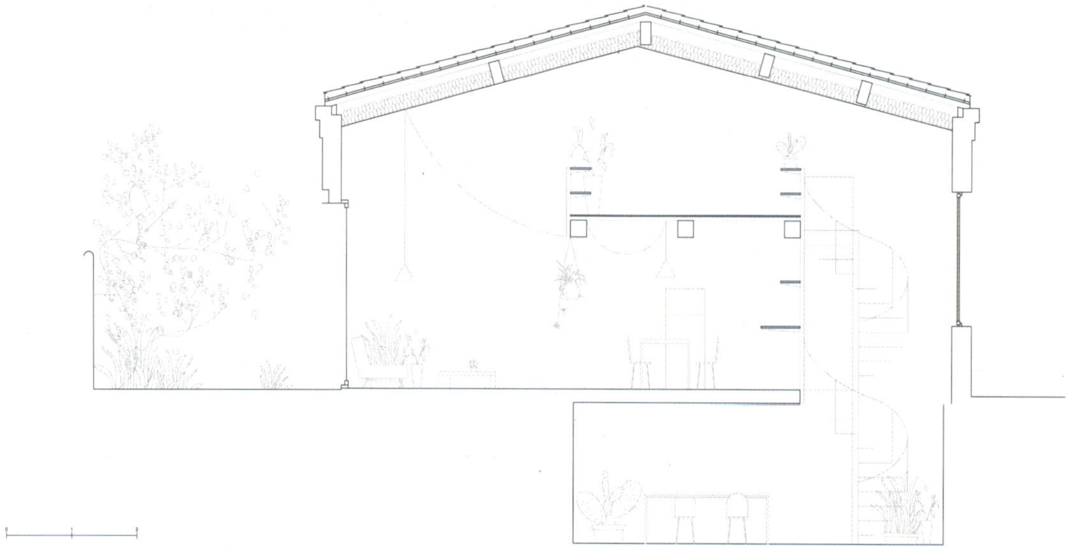

Der Umbau der ehemaligen Werkstatt in ein kleines dreigeschossiges Wohnhaus stellt einen ebenso einfachen wie radikalen Eingriff in die bestehende Gebäudestruktur dar, der zugleich Rücksicht auf das historische Umfeld des Ortes nimmt. Der ehemalige Boden wurde abgetragen und durch geschliffene Betonplatten sowie eine Treppe und ein Oberlicht ersetzt, sodass Licht, Luft und Wärme ins Untergeschoss gelangen. Die Steinfassade zum Innenhof wurde großflächig durchbrochen und mit der Terrasse verbunden. Dies ermöglicht eine gute Belüftung und reichlich Sonneneinstrahlung. Die alte Zwischendecke unter dem Dach wurde ebenfalls entfernt. Dadurch konnten das Raumvolumen vergrößert und ein kleines Zwischengeschoss für das Schlafzimmer eingezogen werden.

77

28 Kulturzentrum Brotfabrik *Nachhaltiges Kulturzentrum Brotfabrik* Bonn, DE

Revitalise the Existing Stock! *Bestand revitalisieren!*

The *Brotfabrik* cultural centre breathes new life into the entire urban area of Bonn-Beuel. Serving as a neighbourhood meeting place, its cultural facilities promote social engagement, making it an exemplary "third place". As well as promoting urban development, the association is also working with the Federal City of Bonn in an exemplary process to achieve climate neutrality by 2035.

Das Kulturzentrum *Brotfabrik* belebt und reaktiviert den gesamten Stadtraum Bonn-Beuel. Als Gefüge aus kulturellen Angeboten, sozialem Engagement und Nachbarschaftstreff ist dies ein exemplarischer „Dritter Ort". Aus dem Verein heraus wird nicht nur Stadtentwicklung betrieben, er strebt auch in einem vorbildlichen Prozess, gemeinsam mit der Bundesstadt Bonn, bis 2035 Klimaneutralität an.

P
Nur für Besucher
Theater Marabu
fritz-kola

29 smartvoll
Quartier Autopalast Salzburg, AT 2024–2026

Revitalise the Existing Stock!
Bestand revitalisieren!

In 1924, the coachbuilder Gruber had a garage with 400 parking spaces built in a prime city centre location: the Salzburg Autopalast. One hundred years later, the site is being transformed into a mixed micro-neighbourhood with apartments and commercial buildings. The guiding principles here are future-oriented considerations regarding conversion instead of demolition, as well as densification, unsealing, greening, water management, the 15-minute city and much more.

Bereits 1924 ließ der Kutschenunternehmer Gruber in bester Innenstadtlage eine Autogarage mit 400 Stellplätzen bauen: den Salzburger Autopalast. Hundert Jahre später wird das Gelände in ein gemischtes Mikroquartier mit Wohnungen und Gewerbe transformiert. Leitend sind dabei zukunftsorientierte Überlegungen zu Umbau statt Abriss, Nachverdichtung, Entsiegelung, Begrünung, Wassermanagement, 15-Minuten-Stadt u. v. m.

30 MVRDV
The Pyramid of Tirana Tirana, AL 2023

Revitalise the Existing Stock!
Bestand revitalisieren!

The Pyramid of Tirana, originally built as a museum dedicated to the former communist dictator, Enver Hoxha, has been transformed into a lively cultural hub. Reusing the existing concrete structure, the *Pyramid* is now an open sculpture in a new park. It houses colourful boxes for cafés, studios, workshops, learning spaces, etc. Steps have been added to the building's sloping facades, allowing the people of Albania to literally walk all over Hoxha's showpiece.

Die *Pyramid of Tirana*, ursprünglich als Museum für den ehemaligen kommunistischen Diktator Enver Hoxha erbaut, wurde in ein lebendiges Kulturzentrum umgewandelt. Unter Verwendung der bestehenden Betonstruktur präsentiert sich die Pyramide nun als offene Skulptur in einem neuen Park. Sie beherbergt farbenfrohe Boxen für Cafés, Ateliers, Werkstätten, Lernräume etc. Die schrägen Fassaden des Gebäudes wurden mit Stufen versehen, sodass die albanische Bevölkerung das Prunkstück Hoxas buchstäblich mit Füßen treten kann.

31 Lacaton & Vassal Architectes

Transformation de 530 logements Bordeaux, FR 2017

Revitalise the Existing Stock!
Bestand revitalisieren!

The project instigated the refurbishment of three 1960s buildings with 530 apartments, built as social housing in the north of Bordeaux. No major changes were made to the layouts of the buildings during the refurbishment, both to keep costs down and allow most tenants to remain in their apartments. The biggest change was the addition of conservatories and balconies. This increased living space, brought in more natural light, opened up wonderful views and improved the overall quality of life. The redevelopment is an example of a cost-effective, socially acceptable and architecturally enriching upgrade to a large 1960s estate that could be replicated in many places.

Das Projekt besteht im Kern in der Sanierung von drei Gebäuden mit 530 Wohnungen, die in den 1960er Jahren als sozialer Wohnungsbau im Norden von Bordeaux errichtet worden sind. Bei der Erneuerung wurde auf größere Veränderungen der Grundrisse verzichtet, sodass Kosten gespart werden und die meisten Mieter*innen während der Sanierung in ihrer Wohnung bleiben konnten. Die größte Maßnahme bestand im Anbau von Wintergärten und Balkonen. Das vergrößerte die Wohnfläche, ließ mehr natürliches Licht hinein, eröffnete eine wunderbare Aussicht und erhöhte die Wohnqualität insgesamt. Damit ist die Sanierung ein vorbildliches Beispiel für eine kostengünstige, sozial verträgliche und architektonisch bereichernde Aufwertung einer Großsiedlung aus den 1960er Jahren, wie sie an vielen Orten realisiert werden könnte.

32 51N4E

ZIN Brussels, BE 2020

Revitalise the Existing Stock!
Bestand revitalisieren!

Originally designed in the 1960s as a modern office district with eight towers, the isolated monofunctionality of the Brussels World Trade Center proved problematic just a few years later. Fifty years on, many argued that it should be replaced by a new building. Instead of simply demolishing the old buildings, they were temporarily occupied by a variety of organisations to explore the potential of mixed use by different tenants. As well as a new sense of innovation and community, the result of this collective learning process was a concrete spatial programme that now includes not only offices but also apartments, a hotel, restaurants, sports facilities and green spaces, densifying the use around the clock and actively involving the neighbourhood.

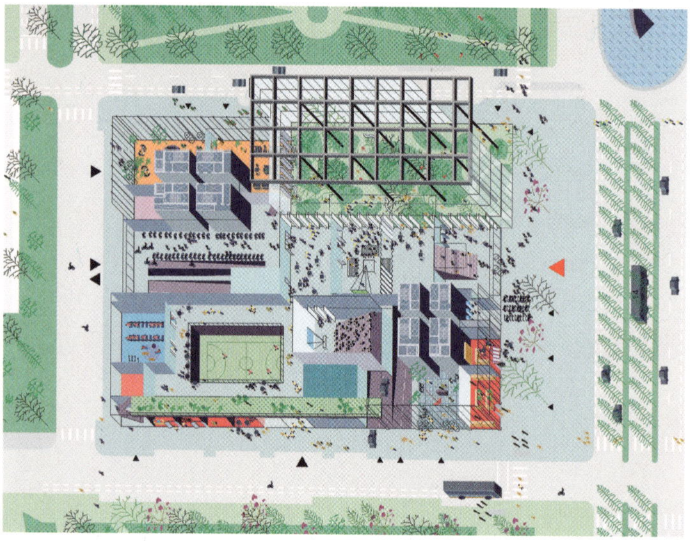

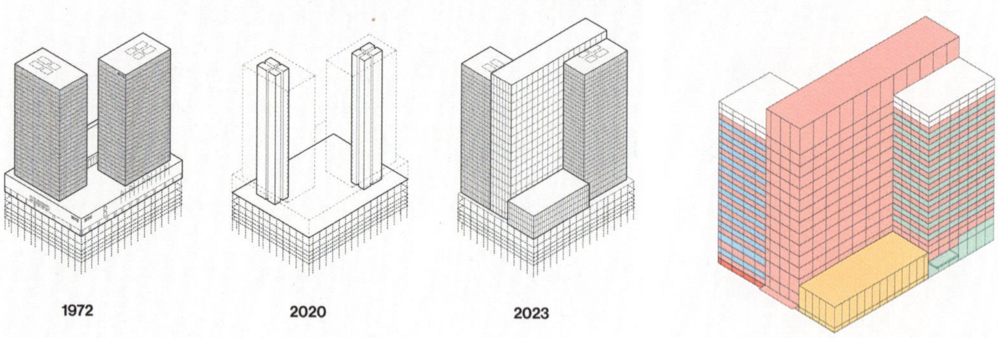

Ursprünglich in den 1960er Jahren als ein modernes Büroviertel mit acht Türmen entworfen, erwies sich das Brüsseler World Trade Center schon wenige Jahre später in seiner isolierten Monofunktionalität als problematisch. Fünfzig Jahre später plädierten deshalb viele dafür, es durch einen Neubau zu ersetzen. Anstatt die alten Gebäude einfach abzureißen, wurden sie von einer Vielzahl an Organisationen temporär bezogen, um das Potenzial einer gemischten Nutzung durch verschiedene Mieter*innen zu erkunden. Ergebnis dieses kollektiven Lernprozesses war neben einem neuen Innovations- und Gemeinschaftsgefühl ein konkretes Raumprogramm, das neben Büros nun auch Wohnungen, ein Hotel, Restaurants, Sportanlagen und Grünflächen beinhaltete, die Nutzung rund um die Uhr verdichtete und die Nachbarschaft miteinbezog.

33 Avanto Architects
Löyly Helsinki, FI 2011–2016

Revitalise the Existing Stock!
Bestand revitalisieren!

It is no coincidence that the sculptural form of this sauna is reminiscent of the rocky structure of a coastal landscape. When the City of Helsinki decided to transform the former Hernesaari industrial area into a residential neighbourhood, *Löyly* was created in advance as a pioneering place to linger, either outside on the viewing platform or inside in the sauna. Beneath the wooden shell of some 4,000 FSC-certified individual slats is a protected private space that also offers a view of the open sea.

Die skulpturale Form dieser Sauna erinnert nicht zufällig an die felsige Struktur einer Küstenlandschaft. Als die Stadt Helsinki entschied, das ehemalige Industriegebiet Hernesaari in ein Wohngebiet umzuwandeln, wurde mit *Löyly* vorab ein zukunftsweisender Ort zum Verweilen geschaffen. Wahlweise außen auf der Aussichtsplattform oder beim Saunieren im Inneren. Unter der Holzhülle aus rund 4.000 FSC-zertifizierten einzelnen Lamellen entsteht eine geschützte Privatsphäre, die zugleich Ausblicke auf das offene Meer ermöglicht.

34 City of Gothenburg / raumlaborberlin
Frihamnen Gothenburg, SE 2013–ongoing

Revitalise the Existing Stock!
Bestand revitalisieren!

Since 2013, the city administration of Gothenburg has been implementing a series of development projects for the former Frihamnen harbour area in collaboration with various partners, such as raumlaborberlin. The methodological approach is based on working with prototypes and feedback loops, encouraging the active involvement of local users. In this way, ideas can be developed and continuously improved together with the local population. So far, a sauna, a swimming pool, a playground, an outdoor classroom, a community sea garden, a citizens' laboratory, a wind farm and much more have been created.

Illustration: Lukas Hamilcaro

Seit 2013 realisiert die Stadtverwaltung von Göteburg in Kooperation mit verschiedenen Partner*innen wie raumlaborberlin eine Reihe von Entwicklungsprojekten für das ehemalige Hafengebiet Frihamnen. Das methodische Vorgehen setzt dabei auf die Arbeit mit Prototypen und Feedbackschleifen unter aktiver Einbeziehung der Nutzer*innen vor Ort. So können Ideen zusammen mit der Bevölkerung entwickelt und kontinuierlich verbessert werden. Entstanden sind bislang eine Sauna, ein Schwimmbecken, ein Spielplatz, ein Outdoor-Klassenzimmer, ein Gemeinschaftsmeeresgarten, ein Bürgerlabor, ein Windpark u. v. m.

SHOW ME DON'T TELL ME
LOCALS ARE EXPERTS
BUILDING TOGETHER SHARING SKILLS

35 Ajuntament de Barcelona *Plaça de les Glòries Catalanes*

Revitalise the Existing Stock! Bestand revitalisieren!

Barcelona, ES
2000–ongoing

Plaça de les Glòries Catalanes, or Glòries for short, was designed in the mid-19th century as a large public square for a new city centre. In the second half of the 20th century, however, it was mainly used as a car park and a junction for three major thoroughfares. Following the redesign of Avinguda Meridiana, the inhospitable concrete structure was largely demolished. Today, a new 20,000-square-metre park has been created as a green lung. As well as a large lawn area for park visitors, there are several small nature reserves to encourage biodiversity. Areas of trees and shrubs allow rainwater to slowly seep into the ground.

Der *Plaça de les Glòries Catalanes* oder kurz Glòries wurde in der Mitte des 19. Jahrhunderts als großer öffentlicher Platz für ein neues Stadtzentrum geplant. In der zweiten Hälfte des 20. Jahrhunderts wurde er allerdings vor allem als Parkplatz und Kreuzung für drei Hauptverkehrsachsen genutzt. Im Anschluss an den Umbau der Avinguda Meridiana wurde die unwirtliche Betonanlage weitgehend zurückgebaut. Heute erstreckt sich hier ein neuer Park, der sich als grüne Lunge über 20.000 Quadratmeter erstreckt. Neben einer großen Rasenfläche für Parkbesucher*innen gibt es mehrere kleine Naturschutzgebiete zur Förderung der Artenvielfalt. Areale mit Bäumen und Sträuchern lassen das Regenwasser langsam in den Untergrund sickern.

36 Ajuntament de Barcelona
Superblocks Barcelona, ES 2017–ongoing

Revitalise the Existing Stock!
Bestand revitalisieren!

Superblocks are a key instrument for the climate-friendly revitalisation of city centres and residential areas. A *Superblock* is a grouping of up to nine city blocks. Within a *Superblock*, two-lane roads are reduced to one lane and the speed limit is reduced to between 10 and 20 kilometres per hour. Priority is given to cyclists and pedestrians. Trees and planters improve the microclimate. Children's playgrounds and park benches invite people to linger.

The first *Superblock* was built in 2017 in the former industrial district of El Poblenou and was very well received by local residents. Contrary to the fears of shopkeepers and motorists, the number of local businesses has since increased by 30 per cent since then. Because of the positive effects on social interaction, temperature, air quality, health and life expectancy, more than 500 such *Superblocks* are planned for Barcelona.

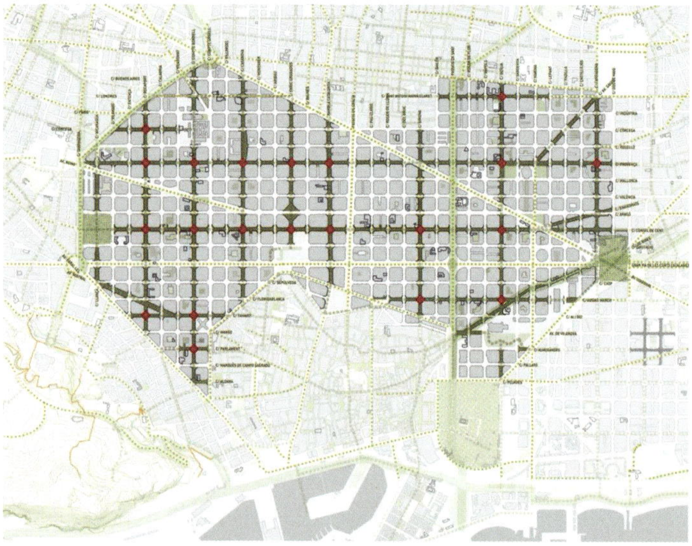

Superblocks bilden zentrale Instrumente für eine klimagerechte Wiederbelebung von Innenstädten und Wohnquartieren. In einem *Superblock* werden bis zu neun Stadtblöcke zusammengefasst. Innerhalb eines *Superblocks* werden zweispurige Straßen auf eine Spur und das Tempo auf 10 bis 20 Kilometer pro Stunde reduziert. Fahrradfahrer*innen und Fußgänger*innen haben Vorrang. Bäume und Pflanzkübel verbessern das Mikroklima. Kinderspielplätze und Parkbänke laden zum Verweilen ein.

Der erste *Superblock* wurde 2017 in dem ehemals von Industrie geprägten Stadtteil El Poblenou gebaut und von den Anwohner*innen äußerst positiv aufgenommen. Entgegen den Befürchtungen von Geschäftsleuten und Autofahrer*innen ist die Zahl der lokalen Betriebe seither um 30 Prozent gestiegen. Aufgrund der positiven Effekte für das soziale Miteinander, Temperatur, Luftqualität, Gesundheit und Lebenserwartung sollen insgesamt über 500 solcher *Superblocks* in Barcelona entstehen.

Mathieu Wellner
In Dialogue with the Existing Stock

Im Dialog mit dem Bestand

Revitalise the Existing Stock!
Bestand revitalisieren!

Mr Wellner, what are the benefits of revitalisation in architecture?

Revitalisation is a term often used in architecture and urban planning when it comes to reactivating vacant buildings. These buildings are not unusable, they are just empty. One clear advantage of these existing buildings over more "conventional" new buildings is obvious: they already exist. Because, let's face it, most new buildings today look boring and lack identity. Some buildings should be preserved for urban reasons alone – it simply becomes a matter of finding a new use for them.

Does it take a lot of persuasion to avoid demolition and convert existing buildings?

An existing building contains what is known as "grey energy", also known as "golden energy" or internationally as "embodied carbon". This is the energy used to construct and operate the building. If you demolish and rebuild such a building, you use more than twice as much energy: once, for the original construction and demolition, and then a second time for (re)constructing the new building. Existing buildings have already stored a lot of energy that is worth preserving. It's not as if the building stock hasn't changed over time – building services and facades still have to be regularly maintained, renovated and even replaced. A compelling argument is that around 56 per cent of energy is stored in the building shell.

In terms of preserving existing buildings, how much creative leeway does one actually have?

Determining the quality of the building's structure is crucial before one can even begin to talk about conversion, spatial quality or materials. Architecture is complex and individual because it involves so many people and disciplines. Policies such as the European Green Deal are a step in the right direction, but for architecture and urban development, small Local Green Deals are often more

Lieber Herr Wellner, was sind die Vorzüge von Revitalisierung in der Architektur?

Revitalisierung ist ein häufig verwendeter Begriff in der Architektur und im Städtebau, wenn es darum geht, Leerstand wieder zu aktivieren. Diese Gebäude sind nicht nutzlos, nur leer. Ein klarer Vorteil von Bestandsgebäuden gegenüber konventionelleren Neubauten ist offensichtlich: Sie sind schon da. Denn, seien wir ehrlich, meist wirken die Neubauten heutzutage langweilig und identitätslos. Man sollte manche Gebäude allein aus stadträumlichen Gründen erhalten und nur eine neue Nutzung dafür finden.

Braucht es viel Überzeugungsarbeit, um Abriss zu verhindern und Bestand zu transformieren?

Ein bestehendes Gebäude enthält sogenannte graue Energie, auch bekannt als goldene Energie oder international als *embodied carbon*. Das ist die Energie, die für den Bau und den Betrieb des Gebäudes aufgewendet wurde. Wenn man ein solches Gebäude abreißt und neu baut, verbraucht man mehr als doppelt so viel Energie: einmal für den ursprünglichen Bau und den Abriss und dann noch einmal für den Neubau. Bestandsgebäude haben also bereits viel Energie gespeichert, die es wert ist, erhalten zu bleiben. Es ist nicht so, dass sich der Bestand im Laufe der Nutzung nicht verändert hätte, da Gebäudetechnik und Fassaden regelmäßig instand gehalten, saniert und auch ausgetauscht werden mussten. Ein überzeugendes Argument ist, dass etwa 56 Prozent der Energie im Rohbau steckt.

Bestehende Gebäude erhalten – wie viel Gestaltungsspielraum gibt es überhaupt?

Die bauphysikalische Qualität ist zunächst entscheidend, bevor man über Umnutzung, Raumqualität oder Materialien sprechen kann. Architektur ist komplex und individuell, da viele Personen und Disziplinen beteiligt sind. Politische Regelungen wie der European Green Deal sind ein Schritt in die richtige Richtung, aber für Architektur und Städtebau wären

effective than a unilateral approach. The challenges are simply too diverse. What is clear is that we need to rethink our cities together. In the private sector, there are three key levers: politics, the property industry and the public. Politicians and administrators decide on permits, the property industry commissions planning and finances projects, while the public influences both policy and the market through popular opinion. My conclusion is that we can only find sustainable solutions by working together.

viele kleine, lokale Green Deals oft wirksamer als ein einheitlicher Ansatz. Die Herausforderungen sind einfach zu unterschiedlich. Klar ist, dass wir unsere Städte gemeinsam neu denken müssen. Beim privatwirtschaftlichen Bauen gibt es drei wichtige Hebel: die Politik, die Immobilienwirtschaft und die Bevölkerung. Politik und Verwaltung entscheiden über Genehmigungen, die Immobilienwirtschaft beauftragt Planungen und finanziert Projekte, und die Bevölkerung beeinflusst durch ihre öffentliche Meinung sowohl die Politik als auch den Markt. Mein Fazit: Nur gemeinsam können wir nachhaltige Lösungen finden.

Recycling old bricks, beams and windows has a long tradition. What was once done out of necessity is now enjoying renewed appreciation. In addition, models for the systematic recycling of resources and the optimisation of material cycles are being developed with academic rigour.

Cities are seen as repositories of raw materials in that the demolition or dismantling of existing buildings through urban mining can yield suitable resources for recycling. Entire research facilities are experimenting with the temporary storage of building materials and other valuable goods, such as metals, which can be broken down into their constituent parts and reassembled at the end of a life cycle. Recycled plastics form the basis of innovative facade elements.

It is not uncommon for the existing material to serve as the starting point for the further design process, thus having a decisive influence on the building's final appearance.

Optimise Cycles!

Kreisläufe optimieren!

Die Wiederverwertung von alten Ziegeln, Balken und Fenstern hat eine lange Tradition. Was früher nicht selten aus der Not geboren wurde, erfährt heute eine neue Wertschätzung. Mehr noch: Mit akademischer Strenge wird an Modellen für die systematische Wiederverwertung von Ressourcen und Optimierung von Materialkreisläufen gearbeitet.

Städte werden als Rohstofflager betrachtet, aus denen mithilfe von Urban Mining geeignete Ressourcen aus Rückbauten oder Abbrüchen für die Wiederverwertung gewonnen werden. Ganze Forschungshäuser experimentieren mit der temporären Einlagerung von Baustoffen und wertvollen Materialien wie Metallen, die am Ende eines Lebenszyklus in ihre Bestandteile zerlegt und neu arrangiert werden können. Recyceltes Plastik liefert die Grundlage für innovative Fassadenelemente. Nicht selten bildet das vorhandene Material den Ausgangspunkt für den weiteren Gestaltungsprozess und bestimmt deshalb das endgültige Erscheinungsbild maßgeblich mit.

37 gaupenraub+/– VinziRast am Land

Alland, AT
2023

A demolished barn provides the material for a chicken coop. As a social project for the homeless, funded entirely by donations, it is also a participatory process and an exemplary model of circular construction. True to its credo of "form follows resource", the architecture firm repeatedly demonstrates how an eco-social turnaround can be achieved.

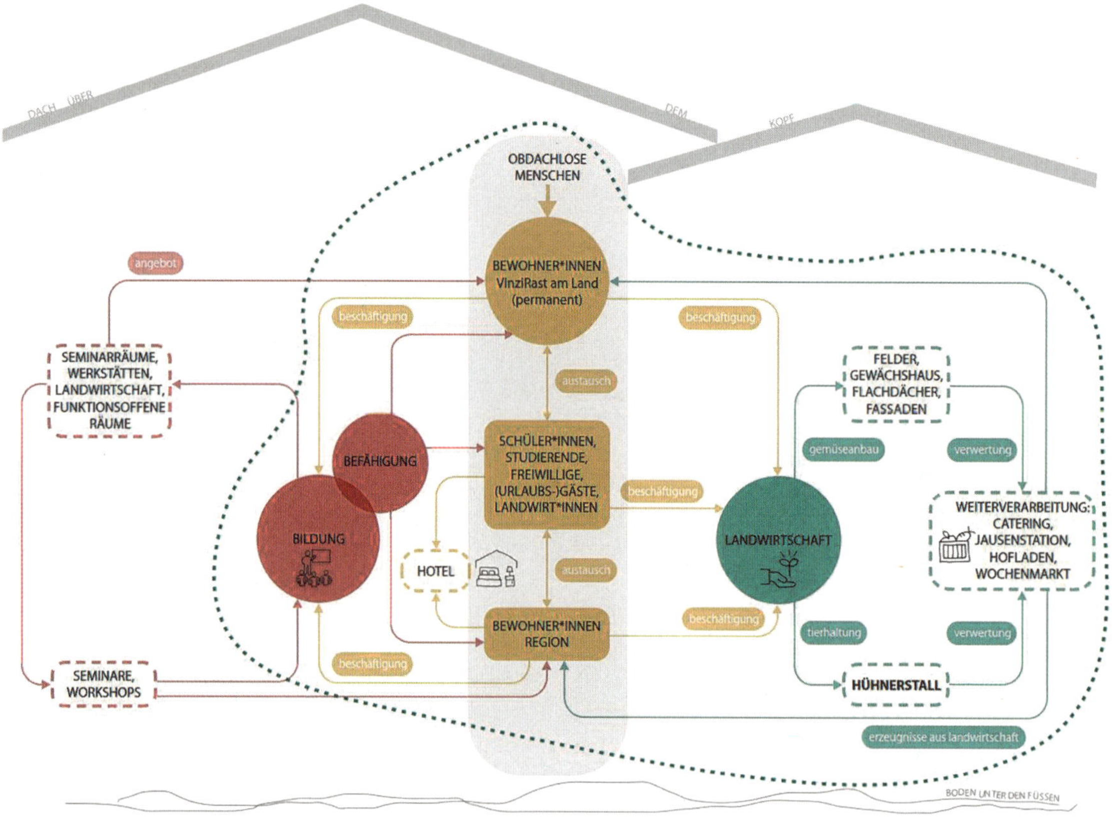

Eine abgetragene Feldscheune liefert das Material für einen Hühnerstall. Als ein komplett aus Spenden finanziertes Sozialprojekt für Obdachlose ist dieses auch als partizipatorischer Prozess angelegt und vorbildliches Beispiel für zirkuläres Bauen. Nach seinem Credo *form follows ressource* zeigt das Architekturbüro wiederholt, wie eine ökosoziale Wende realisiert werden kann.

38 Arturo Franco
Matadero 8B Madrid, ES 2009

Between 2005 and 2012, a 100-year-old slaughterhouse in Madrid was transformed into a contemporary cultural zone. The old roof tiles were removed from the former warehouse to clad the interior and install new partitions. This simple intervention not only creates a special look but also improves the acoustic and thermal indoor environment. It is also sustainable because it puts existing building materials to a new use.

Von 2005 bis 2012 wurde der 100 Jahre alte Schlachthof von Madrid in ein zeitgenössisches Kulturareal verwandelt. Für das ehemalige Lagerhaus wurden die alten Ziegel vom Dach genommen, um damit die Innenräume zu verkleiden und neue Zwischenwände einzuziehen. Diese einfache Intervention schafft nicht nur ein besonderes Aussehen, sie verbessert auch das Raumklima in akustischer und thermischer Hinsicht. Sie ist nachhaltig, weil sie bereits existierende Baustoffe einer neuen Nutzung zuführt.

39 Superuse Studios *Grondstoffenstation* Rotterdam, NL 2023

Optimise Cycles! Kreisläufe optimieren!

The *Grondstoffenstation* is a recycling centre at the Afrikaandermarkt in Rotterdam. On one side of the building, market vendors can drop off their leftovers or waste. This is separated so that it can be reused. On the other side, edible food can be collected free of charge. In this sense, the *Grondstoffenstation* works together with the neighbourhood to operate a social and sustainable circular economy. The employment of people from the neighbourhood improves their socio-economic situation. The temporary building consists of reused IBC water tanks that collect rainwater for school gardens on the roof. A walkway leads over a grandstand that invites people to linger and enjoy the view of the square.

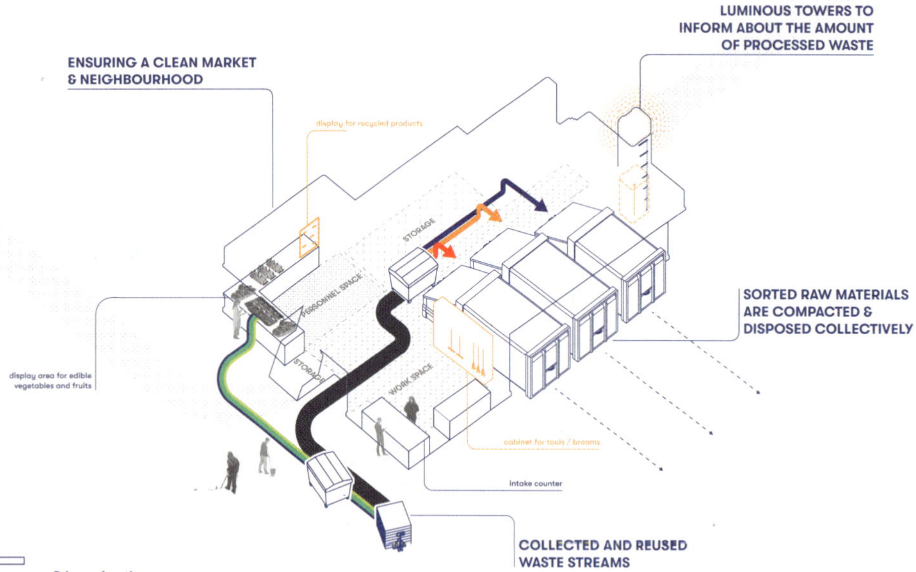

Superuse

Primary functions
Grondstoffenstation Afrikaanderplein

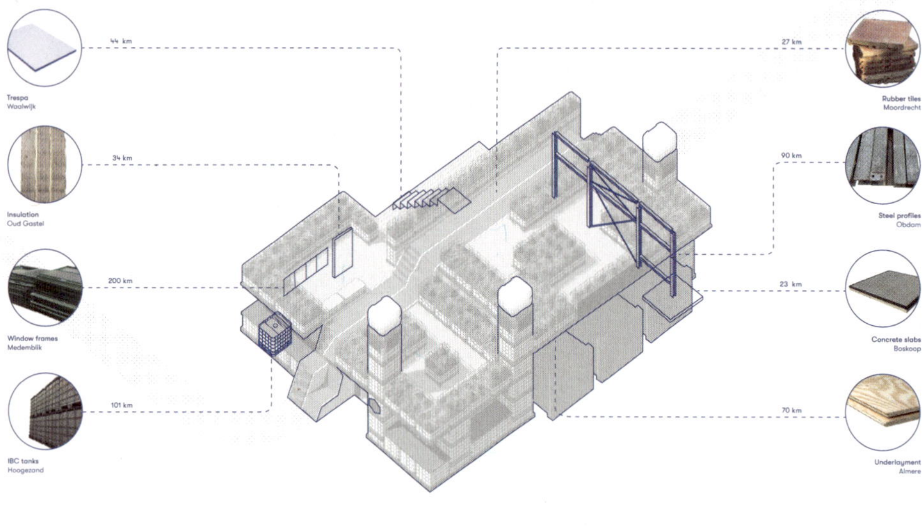

Harvest overview
Grondstoffenstation Afrikaanderplein

Die *Grondstoffenstation* ist ein Wertstoffhof auf dem Afrikaandermarkt in Rotterdam. Auf der einen Seite des Gebäudes können Marktanbieter ihre Reste oder Abfälle abgeben. Diese werden getrennt, um eine Wiederverwendung zu ermöglichen. Auf der anderen Seite können noch genießbare Lebensmittel kostenlos abgeholt werden. In diesem Sinne arbeitet die *Grondstoffenstation* mit der Nachbarschaft zusammen, um eine soziale und nachhaltige Kreislaufwirtschaft zu betreiben. Die Beschäftigung einzelner Mitarbeiter*innen aus dem Viertel verbessert deren sozioökomische Situation. Das temporäre Gebäude besteht aus wiederverwendeten IBC Wassertanks, die Regenwasser für Schulgärten auf dem Dach sammeln. Ein Weg führt über eine Tribüne, die zum Verweilen mit Blick auf den Platz einlädt.

AFRI
KAANDER
WIJK
CO-OP

40 IDRV Institute of Design Research Vienna *Circular Design Rules* Vienna, AT 2021–ongoing

Optimise Cycles! Kreisläufe optimieren!

Circular design aims to design products and processes so that, at the end of a life cycle, a new cycle can begin. Circular design therefore plays a key role in achieving a circular economy. The Institute of Design Research Vienna (IDRV) has developed the *Circular Design Rules* for the Austrian Federal Ministry for Climate Protection to provide those involved in the product development process with the simplest possible guidelines for designing circular products. In nine concise rules, they use everyday objects to show how materials, components and services can be designed to close cycles.

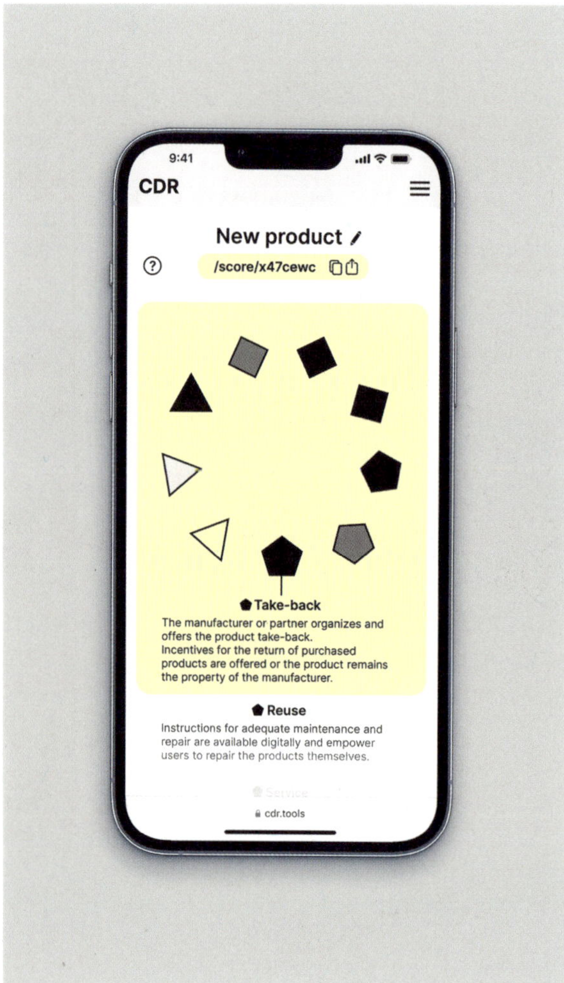

Zirkuläres Design zielt darauf ab, Produkte und Prozesse so zu gestalten, dass am Ende eines Lebenszyklus ein neuer Kreislauf begonnen werden kann. Daher kommt dem Kreislaufdesign eine Schlüsselrolle auf dem Weg zu einer Kreislaufwirtschaft zu. Um denjenigen, die an einem Produktentwicklungsprozess beteiligt sind, einen möglichst einfachen Leitfaden für die Gestaltung von Kreislaufprodukten an die Hand zu geben, hat das Institute of Design Research Vienna (IDRV) für das österreichische Klimaschutzministerium die *Circular Design Rules* entwickelt. In neun prägnanten Regeln zeigen sie anhand von Alltagsobjekten, wie Materialien, Komponenten und Services so gestaltet werden, dass Kreisläufe geschlossen werden können.

Harald Gruendl
Responsible Design Is Informed Design

Mr Gruendl, you've been working on sustainable design for many years and, together with Ronja Grossar, have developed the *Circular Design Rules* as a digital application. Why is this a useful tool and how does it contribute to possible systemic change?

There are many frameworks for guiding circular design processes. The Institute of Design Research Vienna (IDRV) has looked at them and found that many of them are quite complicated. They take days and require an incredible amount of knowledge. That's why, with our *Circular Design Rules*, we wanted to design a simple tool that creates a certain transparency. Our aim is to show the complexity and at the same time make it negotiable and manageable.

Design is also very emotional and often a gut decision. But especially when it comes to sustainable design, things can often be counterintuitive. You think you've come up with a good solution, but when you think about it, you have to admit that it wasn't so clever after all. So, for me, sustainable design is responsible design and ultimately informed design. This means that design decisions are made consciously and that consequences are taken into account. But to do that, I need sufficient information and facts.

In our *Circular Design Rules*, three categories map different scales of circularity. The smallest scale is at the material level. The next is a component level, because we assume that modularity, upgradeability and reparability are important. And then there is the third, which is the system level. It is at this level that you come up against the biggest barriers to implementing circular design. This is because it is a matter of transforming linear business models into circular ones. It's not easy to intervene so drastically in a development process and question a company's business model, but I think designers will play an important role in initiating this systemic change in the future.

I can illustrate this briefly: longevity is always a buzzword in the sustainability debate. If something is durable, that's a good thing. But of course, design is also subject to fashion and there are many reasons why a product is no longer used. That's why we don't even have durability as a category. Instead, there are factors that influence durability, such as repairability and upgradeability.

Verantwortungsvolles Design ist informiertes Design

Lieber Herr Gruendl, Sie beschäftigen sich seit vielen Jahren mit nachhaltigem Design und haben hierfür die *Circular Design Rules* gemeinsam mit Ronja Grossar als digitale Anwendung entworfen. Warum ist das ein nützliches Tool und welchen Beitrag leistet es zu einem möglichen Systemwandel?

Es gibt ja viele Frameworks, wenn es darum geht, zirkuläre Designprozesse anzuleiten. Das Institut für Designforschung in Wien (IDRV) hat sich die angeschaut und festgestellt, viele sind recht kompliziert. Man braucht tagelang und man muss wahnsinnig viele Dinge wissen. Deshalb wollten wir mit unseren *Circular Design Rules* ein einfaches Tool entwerfen, das eine gewisse Transparenz schafft. Worum es uns geht, ist, die Komplexität aufzuzeigen und gleichzeitig verhandelbar und handelbar zu machen.

Design ist ja auch sehr emotional und oft eine Bauchentscheidung. Gerade bei nachhaltigem Design können die Dinge aber oft kontraintuitiv sein. Man denkt, man hat eine gute Lösung gefunden, wenn man diese reflektiert, muss man sich eingestehen, dass es doch nicht so schlau war. Nachhaltiges Design ist für mich deshalb verantwortungsvolles Design und letztlich informiertes Design. Das heißt, dass Designentscheidungen bewusst getroffen und Konsequenzen mit berücksichtigt werden. Dafür brauche ich aber ausreichend Informationen und Fakten.

Bei unseren *Circular Design Rules* bilden drei Kategorien unterschiedliche Maßstäbe der Zirkularität ab. Der kleinste Maßstab ist auf der Materialebene. Die nächste ist eine Komponentenebene, weil wir davon ausgehen, dass Modularität, Upgrade-Fähigkeit und Reparierbarkeit wichtig sind. Und dann gibt es noch die dritte, das ist die Systemebene. Spätestens auf dieser Ebene kommt man zu den großen Barrieren in der Umsetzung von zirkulärem Design. Da geht es nämlich darum, lineare Geschäftsmodelle in zirkuläre umzubauen. Massiv in einen Entwicklungsprozess zu intervenieren und das Geschäftsmodell einer Firma infrage zu stellen, ist nicht einfach. Aber ich denke, da kommt den Design-Schaffenden eine wichtige Rolle in der Zukunft zu, diesen Systemwandel einzuleiten.

Ich kann das kurz veranschaulichen: Ein Gemeinplatz in der Nachhaltigkeitsdebatte ist immer die Langlebigkeit. Wenn etwas langlebig ist, ist es schon mal gut. Jetzt ist Design aber natürlich auch Moden unterworfen und es gibt viele Gründe, warum ein Produkt nicht mehr genutzt wird.

Another point concerns the service area: is there a collection system for what I put on the market? Perhaps you can say – this is a plastic, and I throw it in the yellow bin. But the next question is whether the manufacturer wants to take the product back. That's where most people drop out. But this is important, because ultimately the goal should be remanufacturing. So you're not throwing raw materials into the factory and getting a product out the other side, but instead you're throwing the product into the factory and getting either raw materials or new products out the other side. This is certainly the most difficult task. But it is an extremely interesting task for design, because processes, procedures, machines, service systems, etc. also have to be designed.

That's why I see design as a tool for showing positive and successful futures. This can be a sketch, a rendering, a product, a scenario, a way of life or a consumption pattern. Designers can bring all of this into the world without much effort. And that in itself can change the system. The socio-political function of design is to help initiate this systemic change. It would be asking too much of design as a discipline to say, "You have to do it on your own." But I think it's important to be part of this systemic change.

I also believe that fashion doesn't have to be a bad thing. We don't have to sit on the same chairs and wear the same clothes for the next 100 years. But we do need to design more intelligent products that can participate in these fashions in a circular economy without harming them. After all, there is no waste in nature. But things are constantly being produced.

So we have to do it more intelligently in the future. Basically, we're talking about biological and technical cycles. We don't have the biological cycles under control because we are constantly polluting the environment. Most of the time, these pollutants come from the technical cycle. At the moment, we are not able to create a truly closed circular economy with these technical raw materials. Not to mention the fact that we simply use too many fossil materials.

That's why we at the IDRV are working with the concept of regenerative design. This is a design philosophy that applies the principles of nature to design. Sustainable or circular is, at best, a zero-sum game. Nature, on the other hand, is productive and renews itself from within. Regenerative design would therefore mean developing systems that can create something new out of themselves. That's where we need to go.

Deshalb gibt es Langlebigkeit bei uns gar nicht als Kategorie. Vielmehr gibt es Faktoren, die Langlebigkeit beeinflussen, wie zum Beispiel die Reparierbarkeit oder Upgrade-Fähigkeit.

Ein anderer Punkt berührt den Service-Bereich: Gibt es ein Sammelsystem für das, was ich auf den Markt bringe? Vielleicht kann man sagen: Das ist ein Kunststoff und den schmeiße ich in die gelbe Tonne. Die nächste Frage ist dann aber, ob der Hersteller das Produkt zurücknehmen möchte. Da steigen die meisten aus. Das ist aber wichtig, weil das Ziel letztlich Remanufacturing sein müsste. Dass man also nicht irgendwelche Rohmaterialien in die Fabrik reinwirft und auf der anderen Seite kommt ein Produkt raus, sondern dass man das Produkt in die Fabrik reinwirft und auf der anderen Seite kommen entweder wieder Rohstoffe oder wieder neue Produkte raus. Das ist sicher die schwierigste Aufgabe. Das ist für Design aber eine extrem interessante Aufgabe, weil auch Abläufe, Prozesse, Maschinen, Service-Systeme usw. gestaltet werden müssen.

Deshalb ist für mich Design ein Werkzeug, um positive und gelingende Zukunftsmodelle aufzuzeigen. Das kann eine Skizze sein, ein Rendering, ein Produkt, ein Szenario, eine Lebensweise, ein Konsummuster. All das können Designer*innen in die Welt bringen, ohne viel Aufwand. Und das kann schon systemverändernd sein. Die gesellschaftspolitische Funktion von Design ist daher, diesen Systemwandel mit einzuleiten. Es würde Design als Disziplin überfordern, wenn man sagt, ihr müsst das alleine bewerkstelligen. Aber Teil von diesem Systemwandel zu sein, das halte ich für wichtig.

Ich glaube auch, dass Mode nichts Schlechtes sein muss. Also wir müssen jetzt nicht die nächsten 100 Jahre immer auf denselben Stühlen sitzen und in den gleichen Kleidern rumlaufen. Aber wir müssen intelligentere Produkte entwerfen, die diese Moden in einer Kreislaufwirtschaft mitmachen, ohne sie zu belasten. In der Natur gibt es ja keinen Abfall. Es wird aber andauernd produziert.

Also muss man es in Zukunft intelligenter machen. Grundsätzlich sprechen wir von biologischen Kreisläufen und von technischen Kreisläufen. Die biologischen haben wir nicht im Griff, weil wir die Umwelt andauernd mit Dingen belasten. Meistens kommen diese aus dem technischen Kreislauf. Im Moment sind wir nicht in der Lage, mit diesen technischen Rohstoffen eine wirklich geschlossene Kreislaufwirtschaft zu schaffen. Ganz abgesehen davon, dass wir einfach zu viele fossile Rohstoffe verwenden.

Deshalb beschäftigen wir uns als IDRV mit dem Begriff des regenerativen Designs. Das ist eine Designphilosophie, welche die Prinzipien der Natur ins Design überführt. Nachhaltig oder kreislauffähig oder zirkulär ist bestenfalls ein Nullsummenspiel. Natur ist aber produktiv und erneuert sich aus sich selbst heraus. Regenerative Designsysteme würde also bedeuten, dass sie aus sich selbst heraus Neues schaffen können. Da müssen wir hin.

41 Overtreders W & bureau SLA

Optimise Cycles! Kreisläufe optimieren!

People's Pavilion Eindhoven, NL 2017

It all started with a simple idea to produce innovative tiles from recycled plastic. However, as no commercial enterprise was interested in this design idea, the first prototypes were produced with the company's own machinery. The breakthrough came in 2017, when the company was invited to design the festival pavilion for Dutch Design Week. As a result, 9,000 tiles made from household plastic waste were to form its facade. In addition, all other materials needed to construct the 250-square-metre building were borrowed – from manufacturers and residents alike. These materials were not sawed or screwed but actually tied together – and then neatly disassembled at the end and returned to the owners.

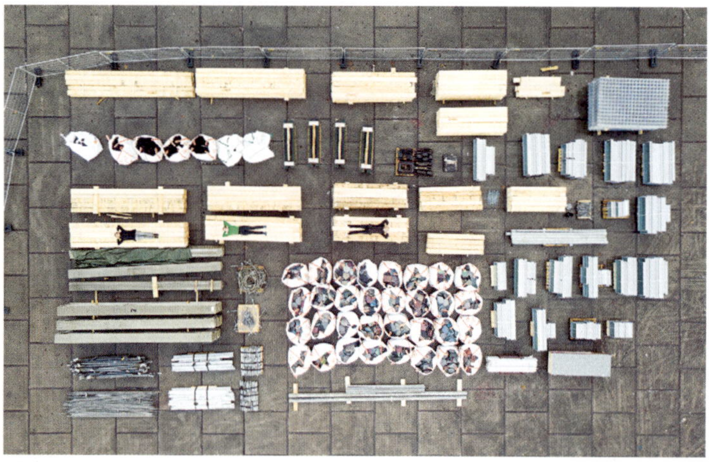

Am Anfang stand die schlichte Idee, innovative Fliesen aus recyceltem Plastik herzustellen. Da sich aber kein Wirtschaftsunternehmen für diese Designidee begeistern konnte, wurden die ersten Prototypen mithilfe eines eigenen Maschinenparks produziert. Der Durchbruch kam 2017 mit der Einladung, den Festival-Pavillon der Dutch Design Week zu gestalten. Im Ergebnis sollten 9.000 Fliesen aus Haushaltskunststoffabfällen dessen Fassade bilden. Darüber hinaus wurden alle anderen für den Bau des 250 Quadratmeter großen Gebäudes benötigten Materialien geliehen – von Hersteller*innen wie von Einwohner*innen. Alle diese Materialien wurden nicht gesägt oder geschraubt, sondern tatsächlich zusammengeschnürt – und am Ende wieder fein säuberlich auseinandergenommen und an die Eigentümer*innen zurückgegeben.

People's Pavilion
World Design Event

42 Karlsruhe Institute of Technology KIT, Dirk E. Hebel & Werner Sobek

Optimise Cycles!

Kreisläufe optimieren!

Urban Mining and Recycling (UMAR) Experimental Unit Dübendorf, CH 2018

The Urban Mining and Recycling (UMAR) Experimental Unit is one of the units in the NEST research building on the campus of the Swiss Federal Laboratories for Materials Science and Technology in Dübendorf, Switzerland. Designed by Werner Sobek, Dirk E. Hebel and Felix Heisel, the building is based on the idea that all resources used to construct a building must be fully reusable, recyclable or compostable. This approach means that UMAR is both a materials laboratory and a temporary materials store. The building products within the facility can be separated into their component parts and sorted before being returned to their respective material cycles, leaving no residue or waste. Visitors can learn about all the materials used in the project in the entrance area and in the materials library.

Die Urban Mining and Recycling (UMAR) Unit ist eine der Einheiten im Forschungsgebäude NEST auf dem Campus der Eidgenössischen Materialprüfungsanstalt in Dübendorf, Schweiz. Dem Gebäudeentwurf von Werner Sobek, Dirk E. Hebel und Felix Heisel liegt der Gedanke zugrunde, dass alle zur Errichtung eines Gebäudes benötigten Ressourcen vollständig wiederverwendbar, recycelbar oder kompostierbar sein müssen. Dieser Ansatz bedeutet, dass UMAR gleichzeitig als Materiallabor und als temporäres Materiallager fungiert. Die im Inneren der Anlage befindlichen Bauprodukte lassen sich nach ihren Bestandteilen trennen und sortieren, bevor sie rückstandslos und abfallfrei in den jeweiligen Stoffkreislauf zurückgeführt werden. Die Besucher*innen können sich im Eingangsbereich und in der Materialbibliothek über alle Materialien informieren, die bei dem Projekt Verwendung fanden.

While modern architecture in the 20th century was heavily influenced by materials from the Industrial Age, such as concrete, steel and glass, a new picture is emerging for the 21st century: the return to sustainable, climate-friendly building methods that operate in harmony with nature is filling research laboratories at design universities with all kinds of new materials, including algae, fungi and plant fibres. At the same time, technological innovations in digitalisation, robotics and 3D printing are enabling entirely new construction methods. Together, they create futuristic spaces in which the archaic longing for a protective shell meets the free play of forms made possible by computer-based design tools.

Dare to Experiment!

Experimente wagen!

War die moderne Architektur des 20. Jahrhunderts maßgeblich durch Materialien des Industriezeitalters wie Beton, Stahl und Glas geprägt, zeichnet sich für das 21. Jahrhundert ein neues Bild ab: Die Rückbesinnung auf naturnahe, umweltverträgliche und klimafreundliche Bauweisen füllt die Forschungslabore der Gestaltungshochschulen mit allerlei neuen Materialien – wie Algen, Pilze oder Pflanzenfasern. Gleichzeitig ermöglichen technologische Innovationen in Digitalisierung, Robotik oder 3D-Druck völlig neue Konstruktionsweisen. In der Kombination entstehen futuristische Räume, in denen die archaische Sehnsucht nach einer schützenden Hülle auf das freie Formenspiel computerbasierter Gestaltungsinstrumente trifft.

43 Marjan van Aubel Studio
The Interactive Sun Amsterdam, NL 2021 2025

Dare to Experiment!
Experimente wagen!

The power of the sun is a precious resource that the designer always uses in her conceptual projects. Natural light is also one of the main sources of hope for a post-carbon future. In *The Interactive Sun*, visitors can experience the cycles and sounds of the sun as recorded by NASA in an interactive, multisensory installation.

Die Kraft der Sonne ist eine wertvolle Ressource, die von der Designerin für ihre konzeptuellen Projekte stets genutzt wird. Das natürliche Licht ist auch eine der wichtigsten Hoffnungsträger für eine Zukunft ohne fossile Brennstoffe. Bei *The Interactive Sun* können die Zyklen sowie die von der NASA aufgenommenen Sounds der Sonne von den Besucher*innen in einer interaktiven Installation sinnlich erfahren werden.

44 Julia Lohmann
Hidaka Ohmu Davos, CH 2020

Dare to Experiment!

Experimente wagen!

Hidaka Ohmu is an accessible pavilion made of seaweed. The rhythm of the sculpture is derived from the rhythm of the algae: algae is glued between two rattan struts, and over time the colour of the algae changes from green to yellow. *Hidaka Ohmu* is also an invitation to talk about our relationship with the sea and the potential of algae. Algae can be used in many ways: to feed the world's population and as a design material. It is also very easy to grow. It removes pollutants from the sea and create habitats for other marine life. Last but not least, *Hidaka Ohmu* is an actor in a narrative that links the past with the present and the future, openly asking what alage might make possible in the future.

Hidaka Ohmu ist ein begehbarer Pavillon aus Seetang. Der Rhythmus der Skulptur entsteht aus dem Rhythmus der Alge: Zwischen zwei Rattanstreben ist jeweils eine Alge verklebt, die sich im Laufe der Zeit von Grün zu Gelb verfärbt. *Hidaka Ohmu* ist auch eine Einladung, um über unseren Umgang mit dem Meer und dem Potenzial von Algen zu sprechen. Algen sind auf vielfältige Weise zu nutzen: zur Ernährung der Weltbevölkerung wie als Gestaltungsmaterial. Außerdem sind sie sehr einfach anzubauen. Sie ziehen Schadstoffe aus dem Meer und schaffen Habitate für andere Meereswesen. Nicht zuletzt ist *Hidaka Ohmu* als Akteur eines Narrativs zu verstehen, das die Vergangenheit mit der Gegenwart und Zukunft verbindet und die Frage offen in den Raum stellt, was wir in Zukunft alles mit Algen machen könnten.

Dare to Experiment!

Experimente wagen!

Julia Lohmann

Hidaka Ohmu: Algae Between the Past and the Future

Ms Lohmann, you've been working with algae for many years as an artist, using it to create inspiring spaces. What is it about algae that fascinates you so much?

In 2007, I was working in Japan as an artist. I was there because I was interested in how humans collectively interact with the sea and what our connection is to it. I saw some algae at the fish market and thought, "Wow, that's like leather". Only, a leather that doesn't kill any animals, that doesn't require the use of chemicals. It just grows in the sea. With algae, I have an incredible material that can grow up to 6 metres long and 30 centimetres wide, and I can cultivate it in such a way that it doesn't harm the ecosystem but rather brings it back into balance. I found that fascinating.

In 2008, I did an exhibition in Milan where I just brought the material with me and experimented with it. During the exhibition in the gallery, I asked people: "Hey, what would you do with algae? What can you imagine?"

I'm also fascinated by algae because it brings the sea into the gallery space. Since algae is such a haptic material, you can really feel the sea, you can smell it. You're immediately transported to the memory or physical experience of being at the beach. I actively use this process in my work: I take the algae to places far removed from the sea, but we automatically end up talking about how we interact with the sea and how we can restore it.

Algae is my material, my muse and my method. Through algae I have learned how to work with people in a different way. Algae informs the materiality of all the objects I create.

Algae is incredibly inspiring because we can use it to solve problems, such as feeding the world's population or the dwindling ability to grow crops on land. There are algae farms where you put algae in water in which not much else is growing. This algae farm then creates a habitat for other marine plants and animals. The quality of life is improved for a variety of species in that area of the sea. Algae extracts fertiliser that has been washed into the sea from fields and rivers. In other words, the algae reuses these fertilisers at the same time that it removes them from the

Hidaka Ohmu: Algen zwischen Vergangenheit und Zukunft

Liebe Frau Lohmann, Sie beschäftigen sich als Künstlerin seit vielen Jahren mit Algen und schaffen daraus superinspirierende Räume. Was fasziniert Sie daran so?

2007 war ich als Künstlerin in Japan, um mit dem Meer zu arbeiten. Mich beschäftigte die Frage, wie wir mit dem Meer umgehen und welche Verbindungen wir dazu haben. Auf dem Fischmarkt habe ich dann Algen gesehen und gedacht, wow, das ist ja wie Leder. Ein Leder, bei dem kein Tier umkommt, bei dem keine Chemikalien verwendet werden, das einfach so im Meer wächst. Mit der Alge habe ich einen unglaublich tollen Werkstoff, der bis zu 6 Meter lang wird, 30 Zentimeter breit ist und den ich auch noch so anpflanzen kann, dass es dem Ökosystem nicht schadet und es wieder in die Balance kommt. Das fand ich faszinierend.

2008 habe ich dann eine Ausstellung in Mailand gemacht, wo ich einfach das Material hingebracht und damit experimentiert habe. Während der Ausstellung in der Galerie habe ich die Leute gefragt: Mensch, was würdet ihr aus Algen machen? Was könnt ihr euch vorstellen?

Die Algen faszinieren mich auch deshalb, weil sie das Meer in den Raum holen. Das heißt, dadurch dass Algen so ein haptischer Werkstoff sind, fühlt man das Meer, man riecht es und man ist sofort mit seiner Erinnerung am Strand oder in einer Situation, die somit ganz körperlich erfahrbar wird. In meiner Arbeit nutze ich diesen Prozess aktiv: Ich nehme die Algen an Orte, die weit vom Meer entfernt sind, und automatisch sprechen wir darüber, was wir für einen Umgang mit dem Meer haben und wie wir ihn verbessern können.

Die Alge ist mein Material, meine Muse und meine Methode. Denn durch die Algen habe ich gelernt, wie man anders mit Leuten zusammenarbeitet. Die Formen meiner Objekte entstehen alle durch die Materialität der Algen.

Die Alge ist wahnsinnig inspirierend, weil wir mit ihr Probleme angehen können. Zum Beispiel die Ernährung der Weltbevölkerung oder schwindende Möglichkeiten, an Land anzupflanzen. Es gibt Algenfarmen, da hängt man Algen ins Wasser, wo gerade nicht viel wächst. Diese Algenfarm schafft dann ein Habitat für andere Meereswesen. Das heißt, sie verbessert die Lebensqualität in diesem Raum des Meeres für eine Vielzahl von Spezies. Sie zieht Düngemittel aus dem Meer heraus, die über Felder und

ecosystem. We can easily do this – by planting additional native algae species alongside wild algae growth, we then have a material that is not only CO_2 neutral but can even be CO_2 positive.

I started with the algae in Japan and sent it to Europe. The algae is harvested there and I can import it as food. I then rehydrate the dried algae. To prevent it from shrivelling, I glue and stretch it on rattan and wooden rods.

But there are also fantastic species of algae in Europe, namely on the west coasts, i.e., Sweden, Norway, Scotland, England, Ireland and then down to Brittany and also in Portugal – in other words, along the entire Atlantic coast. The algae that grows here on the west coast is called *Saccharina latissima*, or sugar kelp. It has a wavy surface that can be worked in many different ways.

The whole rhythm of the sculptures in this exhibition is basically derived from the rhythm of this algae. Algae is glued between two rattan struts. When it was fresh it was dark green, but within a few months it changed to this translucent, light-yellow colour. This is because its green pigment is chlorophyll, which decomposes. I find this interesting and important because it shows how things change over time. I think this is also something we have to learn: that we should not always strive for absolute permanence, which is simply unrealistic. We have to use materials that are usable within the time frame in which we need them. Or we should accept imperfection and repair things. If you have an object that you take care of over the years, you develop a much deeper, more appreciative relationship with it.

That's actually the story I want to tell: that algae opens up a narrative into the future. At the same time, it establishes a connection to its past in the sea, which is also our origin. I want people to think about what they would make out of algae or what they would like to see made out of algae; but also to think about what kind of algae we use and how we should cultivate it in the interest of the ecosystem.

You hear so much news these days that you think there's nothing you can do about it. But that's nonsense. Collectively, we have so much agency, we have so many opportunities to make a difference. We just have to realign our influence and our ingenuity and ask ourselves about each ecosystem: who are we in relation to it, how do we affect it, what is out of balance and what are our capabilities to correct it? How can we change our own impact from negative to positive?

Flüsse hineingeflossen sind. Die Alge nutzt diese Düngemittel also noch einmal und holt sie gleichzeitig aus dem Ökosystem heraus. Wir können das einfach machen – mit zusätzlich wilden Algenvorkommen angepflanzten heimischen Algenarten – und kriegen dann einen Werkstoff, der nicht nur CO_2-neutral ist, sondern CO_2-positiv sein kann.

Ich habe damals mit den Algen in Japan angefangen und sie mir nach Europa geschickt. In Japan werden die Algen geerntet und ich kann sie als Lebensmittel importieren. Die trocken gelieferten Algen rehydriere ich dann. Damit sie nicht schrumpelig werden, verklebe und verspanne ich sie auf Gestängen aus Rattan und Holz. Es gibt aber auch fantastische Algen in Europa, und zwar an den Westküsten im Atlantik, also Schweden, Norwegen, Schottland, England, Irland und dann runter in die Bretagne, auch in Portugal, diese ganze Atlantikküste entlang. Die Algen, die hier an der Westküste wachsen, heißen *Saccharina latissima* oder Zuckertang und die haben eine wellige Oberfläche. Mit diesen Oberflächen kann man anders arbeiten.

Der Rhythmus der Skulptur in dieser Ausstellung entsteht im Prinzip aus dem Rhythmus dieser Alge. Zwischen zwei Rattanstreben ist jeweils eine Alge verklebt. Sie war dunkelgrün, als sie frisch war, und hat innerhalb von einigen Monaten diese durchscheinende hellgelbe Farbe angenommen. Denn ihr Grün besteht aus Chlorophyll und das zersetzt sich. Ich finde das interessant und wichtig, weil man sehen muss, wie sich Dinge über die Zeit hin verändern. Ich glaube, das ist auch etwas, das wir lernen müssen: nicht immer versuchen, nach so einer absoluten Permanenz zu streben, die einfach unrealistisch ist. Wir müssen Werkstoffe nutzen, die genau in dem Zeitrahmen nutzbar sind, in dem wir sie brauchen. Oder eben das nicht Perfekte zulassen und Dinge reparieren. Wenn man ein Objekt hat, um das man sich über Jahre hinweg kümmert, entwickelt sich eine viel innigere, wertschätzende Beziehung.

Das ist eigentlich die Geschichte, die ich erzählen will: dass die Algen ein Narrativ in die Zukunft hin eröffnen und zugleich eine Verbindung zu ihrer Vergangenheit im Meer herstellen, das ja auch unser Ursprung ist. Ich möchte, dass sich die Leute selber überlegen, was sie aus Algen machen würden oder was sie gerne aus Algen sehen würden; aber eben auch Gedanken darüber machen, welche Algen wir nutzen und wie wir sie im Sinne des Ökosystems anpflanzen sollten.

Heutzutage hört man ja so viele Nachrichten, wo man denkt, ich kann überhaupt nichts machen. Aber das ist Quatsch. Alle zusammen haben wir so viel Agency, wir haben so viel Möglichkeiten, etwas zu verändern. Wir müssen unseren Einfluss und Einfallsreichtum nur anders ausrichten und uns bei jedem Ökosystem fragen, wer wir hier gerade sind, wie wir es beeinflussen, was aus der Balance geraten ist und welche Fähigkeiten wir haben, das wieder geradezurücken. Also: Wie können wir unseren eigenen Einfluss vom Negativen ins Positive drehen?

45 ecoLogicStudio
Tree.ONE Chengdu, CN 2022

Dare to Experiment!
Experimente wagen!

Tree.ONE is a synthetic tree sculpture. Made from algae-based biopolymers, it enables a circular material cycle by absorbing carbon dioxide from the atmosphere and converting it into biomass. Ultimately, this allows it to renew itself. *Tree.ONE* is a technically feasible vision of sustainable design that can help to reshape our built environment for the city of tomorrow.

Tree.ONE ist eine synthetische Baumskulptur. Er ist aus Biopolymeren auf Algenbasis gefertigt und ermöglicht einen zirkulären Stoffkreislauf, indem er Kohlendioxid aus der Atmosphäre aufnimmt und in Biomasse umwandelt. Somit ist er letztlich in der Lage, sich aus sich selbst heraus zu erneuern. *Tree.ONE* ist in diesem Sinne die technisch realisierbare Vision einer nachhaltigen Gestaltung unserer gebauten Umwelt für die Stadt von morgen.

46 ecoLogicStudio Bio.Lab

Dare to Experiment!

Experimente wagen!

***Bio.Lab* is a research laboratory for regenerative architecture that has also developed the biotechnological organism *Tree.ONE.* A pioneering experiment in algae-based urban construction, the tree purifies the air, binds carbon and converts it into sustainable building materials. A vision of how the simple mechanism of photosynthesis can be turned into growing structures for megacities.**

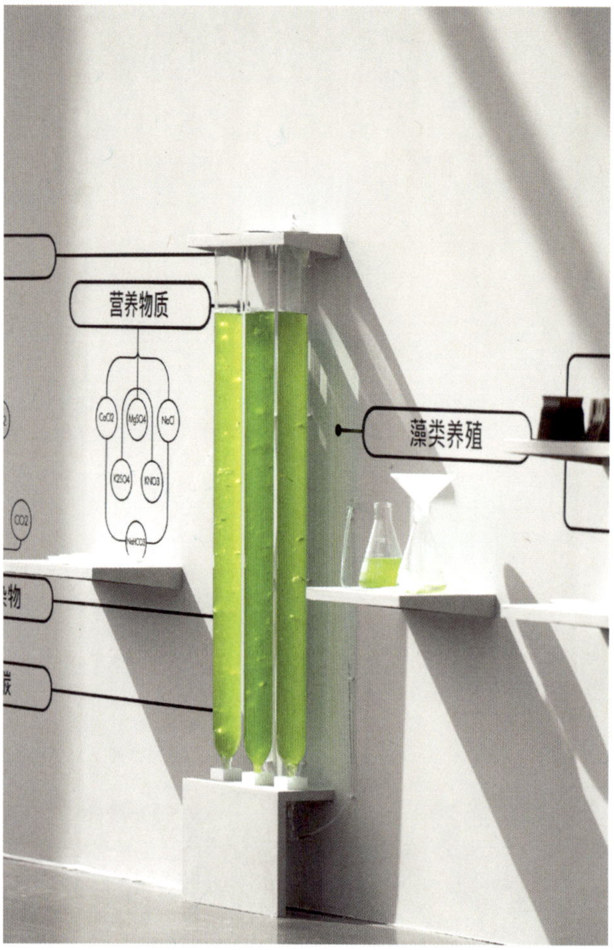

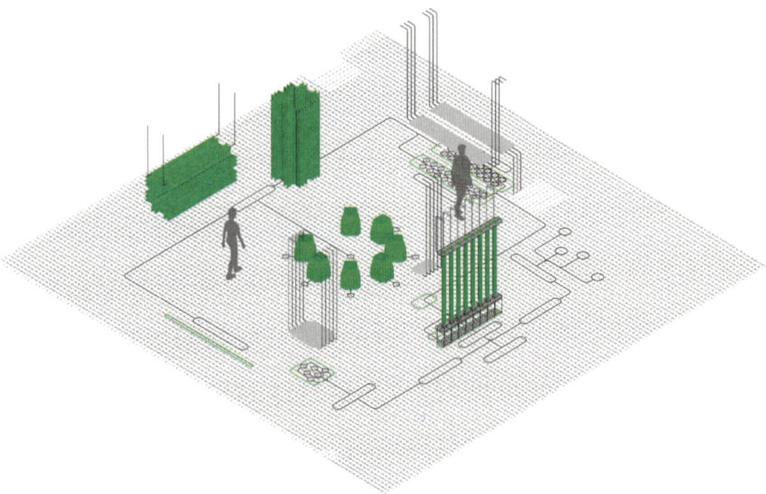

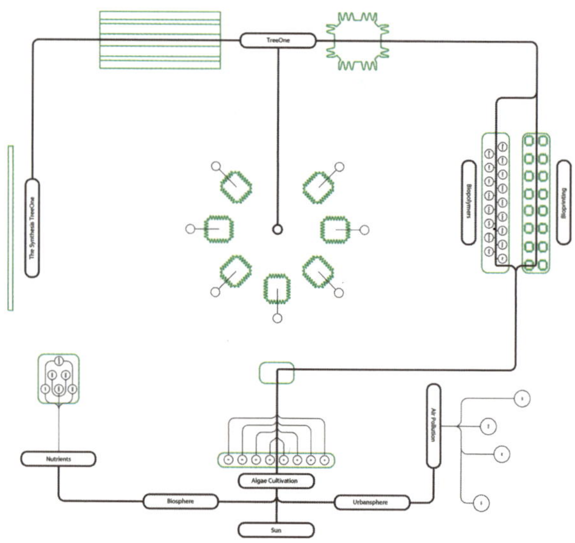

***Bio.Lab* ist ein Forschungslabor für regenerative Architektur, das auch den biotechnologischen Organismus *Tree.ONE* entwickelt hat. Als Experiment für eine zukunftsweisende urbane Bauweise auf Algenbasis reinigt der Baum die Luft, bindet Kohlenstoff und wandelt diesen in nachhaltige Baustoffe um. Eine Vision, wie aus dem einfachen Mechanismus der Photosynthese wachsende Strukturen für Megacitys werden können.**

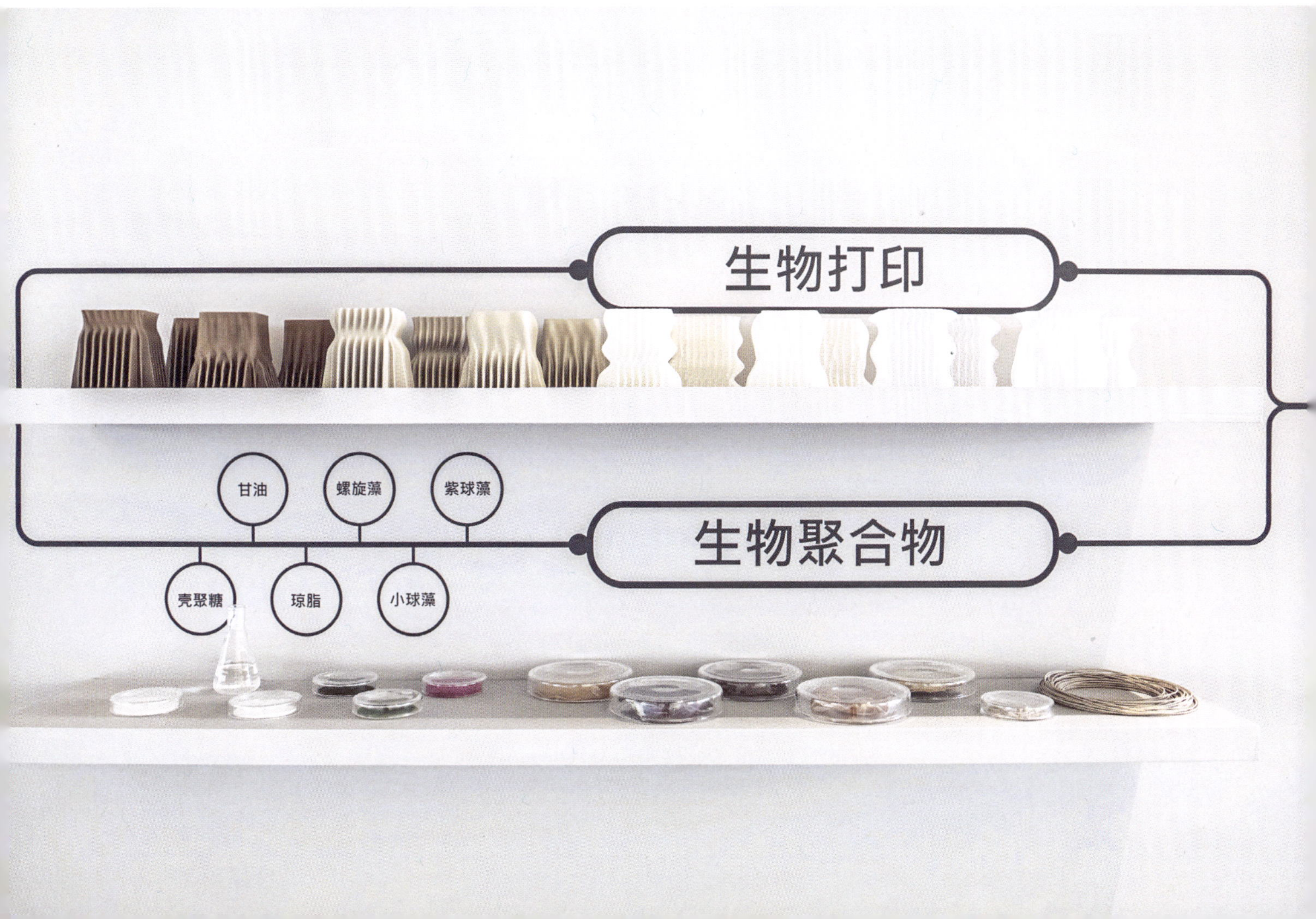
生物打印
甘油
螺旋藻
紫球藻
生物聚合物
壳聚糖
琼脂
小球藻

Dare to Experiment!
Experimente wagen!

Claudia Pasquero, Marco Poletto

Growing Architecture

Ms Pasquero and Mr Poletto, what is *Tree.ONE* and how does it work?

Tree.ONE is one of the latest projects by ecoLogicStudio – a synthetic tree grown from microalgae. This innovative structure challenges our perception of nature, redefines the relationship between landscape and architecture, and explores how design and architecture can serve as a visual language for planetary transformation and care. Constructed using algae-based biopolymers that continue to evolve, *Tree.ONE* enables a circular metabolic process. It absorbs CO_2 from the atmosphere and transforms it into biomaterial, which can then be used to build new trees. This concept presents a vision for a more sustainable way of shaping our built environment in the future.

We see *Tree.ONE* as a prototype for the building components of tomorrow. A common question we encounter is whether architecture can be grown rather than built. *Tree.ONE* embodies this vision, demonstrating the possibility of growing structures instead of constructing them in traditional ways. However, *Tree.ONE* is not merely a biotechnological solution – it is a spatial and architectural system that integrates biotechnology symbiotically. It envisions an architecture that is no longer separate from natural systems but instead engages in direct communication with them.

In the face of catastrophic climate change, this kind of perceptual expansion is crucial. Change cannot simply be halted or reversed; instead, we must foster more positive and regenerative dynamics within the living world. *Tree.ONE* is a step towards that future.

How do you see the potential of biotechnological solutions for sustainable city development?

We envision *Tree.ONE* as a catalyst for transforming the architecture of the future. This future architecture could serve as an interface that allows us to cultivate, regenerate and re-metabolise the environments in which we live.

Microalgae have the unique ability to absorb pollutants, re-metabolising them into valuable biomass. In the case of

Regenerative Architektur

Liebe Frau Pasquero, lieber Herr Poletto, was ist *Tree.ONE* und wie funktioniert es?

Tree.ONE ist ein aktuelles Projekt von ecoLogicStudio: ein synthetischer Baum, der aus Mikroalgen wächst. Diese innovative Struktur hinterfragt unsere Vorstellung von Natur, definiert das Zusammenspiel von Landschaft und Architektur neu und untersucht, wie Design als visuelle Sprache für planetare Transformation und Verantwortung dienen kann. Gefertigt aus biopolymeren Algenmaterialien, die sich kontinuierlich weiterentwickeln, ermöglicht *Tree.ONE* einen nachhaltigen Stoffwechselkreislauf. Er absorbiert Kohlendioxid aus der Atmosphäre und wandelt es in Biomaterial um, einen Rohstoff, aus dem neue Bäume wachsen können. Damit eröffnet das Konzept eine zukunftsweisende Perspektive für eine umweltbewusste, nachhaltigere Bauweise.

Wir betrachten *Tree.ONE* als Prototyp für die Baumaterialien von morgen. Oft stellt sich die Frage: Kann Architektur nicht auch wachsen, anstatt gebaut zu werden? *Tree.ONE* verkörpert genau diese Vision und zeigt, dass Strukturen nicht zwangsläufig auf traditionelle Weise errichtet werden müssen, sondern organisch entstehen können. Dabei ist *Tree.ONE* weit mehr als eine biotechnologische Lösung – es ist ein räumliches und architektonisches System, das Biotechnologie symbiotisch integriert. Es entwirft eine Architektur, die nicht isoliert von natürlichen Prozessen existiert, sondern in einem direkten, wechselseitigen Austausch mit ihnen steht.

Angesichts der drohenden Klimakatastrophe ist ein solcher Perspektivenwechsel unerlässlich. Veränderung lässt sich nicht aufhalten oder rückgängig machen – vielmehr müssen wir neue, positive und regenerative Prozesse in der lebendigen Welt aktiv fördern. *Tree.ONE* ist ein Schritt in genau diese Richtung.

Welche Rolle können biotechnologische Lösungen in der nachhaltigen Stadtentwicklung spielen?

Wir verstehen *Tree.ONE* als Katalysator für eine zukunftsweisende Architektur –

Tree.ONE, this biomass can contribute to the growth of architectural structures themselves.

The goal is not simply to reorganise urban spaces but to fundamentally reshape the way we think about cities – moving beyond conventional development to embrace a more symbiotic and regenerative approach.

Why are purely human-centred habitats not sustainable and what is needed instead?

Modernist urban planning emphasised zoning, segregating areas of production from areas of living. However, a sustainable city must move beyond this separation towards an integrated model – one where production, re-metabolisation and waste management coexist symbiotically. In this vision, every urban dweller actively engages with re-metabolisation processes, fostering creativity and participation in a shared ecological system.

Rather than imposing a top-down structure, this approach enables cities to emerge from the bottom up, with each unit seamlessly integrating living spaces, production and cultural development. While modernists once conceived of architecture as a "machine for living," Tree.ONE represents a shift towards a "living machine" – a dynamic, self-sustaining system.

Tree.ONE serves as a blueprint for an architecture that metabolises and synthesises its own resources, transforming itself into an active, living agent within the urban network. This concept paves the way for a truly living city, where every unit contributes to the metabolic processes that sustain the city as a whole.

eine Architektur, die als Schnittstelle dient, um unsere Umwelt aktiv zu kultivieren, zu regenerieren und in nachhaltige Kreisläufe einzubinden.

Mikroalgen besitzen die bemerkenswerte Fähigkeit, Schadstoffe zu absorbieren und in wertvolle Biomasse umzuwandeln. Bei *Tree.ONE* wird diese Biomasse selbst zum Baustoff und schafft so neue Möglichkeiten für wachsende Strukturen.

Doch unser Ziel geht über die bloße Neugestaltung urbaner Räume hinaus. Es geht darum, unser gesamtes Verständnis von Stadtentwicklung zu transformieren – weg von herkömmlichen Modellen hin zu einer symbiotischen, regenerativen Perspektive.

Warum sind rein menschenzentrierte Lebensräume nicht nachhaltig – und was braucht es stattdessen?

Die Stadtplanung des 20. Jahrhunderts basierte auf einer strikten funktionalen Trennung: Wohngebiete wurden von Produktionsstätten und Infrastrukturen isoliert. Doch echte Nachhaltigkeit erfordert ein Umdenken, weg von dieser Fragmentierung hin zu einem integrativen Modell, in dem Wohnen, Produktion und Kreislaufwirtschaft in einem dynamischen Gleichgewicht miteinander verwoben sind. In dieser Vision wird jede*r Stadtbewohner*in zum aktiven Teil eines regenerativen Stoffwechsels und trägt durch kreatives und gemeinschaftliches Handeln zu einem lebendigen, gemeinsamen Ökosystem bei.

Städte sollten nicht von oben herab geplant, sondern organisch von innen heraus wachsen. Jedes Element muss Lebensraum, Produktion und kulturelle Entwicklung nahtlos miteinander verbinden. Während die Moderne Architektur einst als „Wohnmaschine" verstand, steht *Tree.ONE* für einen Paradigmenwechsel hin zu einer „lebenden Maschine", einem dynamischen, sich selbst erhaltenden Organismus.

Tree.ONE versteht sich als Blaupause für eine Architektur, die nicht nur ihre eigenen Ressourcen metabolisiert und synthetisiert, sondern selbst zu einer aktiven, lebenden Akteurin im urbanen Gefüge wird. Dieses Konzept ebnet den Weg für eine wirklich lebendige Stadt, in der jedes einzelne Element zur fortlaufenden Erneuerung des Ganzen beiträgt.

47 Aléa
Dirty Chair N.1 / Dirty Chair N.5
2021–ongoing

Dare to Experiment!
Experimente wagen!

Back to Dirt is a project in which Aléa pursues transdisciplinary research on fungal structures and mycelia. As a bio-inclusive experiment, *Dirty Chair* uses these undemanding and available resources to generate low-energy products, most of which thrive in the soil and contribute to soil regeneration and biodiversity.

Back to Dirt ist ein Forschungsprojekt, mit dem Aléa transdisziplinäre Recherchen zu Pilzstrukturen und Myzelien verfolgt. Als bio-inklusives Experiment nutzt *Dirty Chair* diese genügsamen und verfügbaren Ressourcen für seine größtenteils in der Erde gedeihenden, energiearmen Produkte, die zusätzlich zur Bodenregeneration und Biodiversität beitragen.

48 MY-CO-X Collective
MY-CO SPACE Frankfurt am Main, DE 2021

Dare to Experiment! Experimente wagen!

MY-CO SPACE **is an accessible wooden mushroom sculpture that invites sensory reflection and exploration of more sustainable ways of living on our planet. Designed in 2021 for the *tinyBE: living in a sculpture* exhibition, the wooden structure is covered with 330 mushroom panels. It is intended to make living in the smallest space (analogous to a space capsule) and co-habitation with mushrooms physically tangible. Made from organic materials, *MY-CO SPACE* is additionally biodegradable.**

MY-CO SPACE **ist eine begehbare Holz-Pilz-Skulptur, die zur sinnlichen Reflexion und Erforschung nachhaltiger Wohnformen auf unserem Planeten einlädt. 2021 für *tinyBE. living in a sculpture* entworfen, soll die mit 330 Pilzpaneelen überdachte Holzkonstruktion das Leben auf kleinstem Raum (analog einer Raumkapsel) und die Kohabitation mit Pilzen körperlich erfahrbar machen. Sie ist aus organischen Materialien geschaffen und damit biologisch abbaubar.**

49 University of Stuttgart & University of Freiburg *livMatS Biomimetic Shell*

Freiburg im Breisgau, DE
2023

Dare to Experiment! Experimente wagen!

The *livMatS Biomimetic Shell* is a pioneering research building. The design of the building envelope is based on the morphological principles of the plate skeleton of sea urchins. When assembled, the curved geometry of the timber shell acts as a load-bearing structure. The biomimetic lightweight timber construction method reduces the ecological footprint by around 50 per cent compared to conventional timber constructions. The construction principle means that the entire building structure can be disassembled into its individual parts and reused.

The large "Solar Gate" skylight is embedded in the timber shell. This biomimetic shading system reacts independently and without operating energy to changes in the weather, regulating the indoor climate. It shields the interior of the building from high heat loads in summer and lets in warming light in winter.

The *livMatS Biomimetic Shell* project emerged from the Cluster of Excellence "Integrative Computer-aided Design and Construction for Architecture" (IntCDC) at the University of Stuttgart, under the direction of Achim Menges and Jan Knippers, in cooperation with the Cluster of Excellence "Living, Adaptive and Energy-autonomous Materials Systems" (*liv*MatS) at the University of Freiburg.

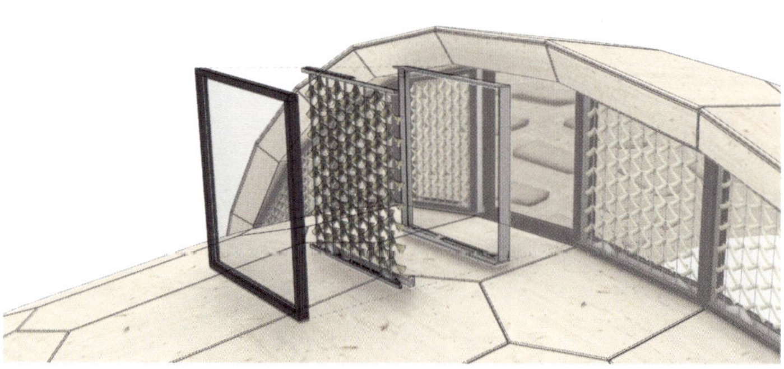

Die *livMatS Biomimetic Shell* ist ein zukunftsweisender Forschungsbau. Der Entwurf der Gebäudehülle basiert auf morphologischen Prinzipien des Plattenskeletts von Seeigeln. Im montierten Zustand wirkt die Holzschale durch ihre gekrümmte Geometrie als Flächentragwerk. Die biomimetische Holzleichtbauweise reduziert den ökologischen Fußabdruck um rund 50 Prozent im Vergleich zu herkömmlichen Holzkonstruktionen. Das Bauprinzip sieht vor, dass die gesamte Baustruktur in ihre Einzelteile zerlegt und wiederverwendet werden kann.

In die Holzschale eingelassen ist das großflächige Oberlicht „Solar Gate". Dabei handelt es sich um ein biomimetisches Beschattungssystem, das eigenständig und ohne Betriebsenergie auf Wetterveränderungen reagiert und das Innenraumklima reguliert. So schirmt es das Gebäudeinnere im Sommer vor hohen Wärmelasten ab und lässt im Winter wärmendes Licht hinein.

Das *livMatS Biomimetic Shell* ist ein Projekt des Exzellenzclusters „Integratives computerbasiertes Planen und Bauen für die Architektur" (IntCDC) der Universität Stuttgart unter der Leitung von Achim Menges und Jan Knippers in Kooperation mit dem Exzellenzcluster „Living, Adaptive and Energy-autonomous Materials Systems" (*liv*MatS) der Universität Freiburg.

50 University of Stuttgart, IntCDC
Hybrid Flax Pavilion Wangen im Allgäu, DE 2024

Dare to Experiment!
Experimente wagen!

The *Hybrid Flax Pavilion* is the first in the world to showcase a resource-saving, wood and natural-fibre hybrid construction as an alternative to conventional building methods. Thin, cross-laminated timber panels are combined with robotically wound flax fibre bodies. The use of flax fibres allows rapidly renewable, bio-based resources from the region to be used in the construction industry. The inner courtyard contains a climate garden and provides natural ventilation. Together with floor slabs made of recycled concrete activated by geothermal energy, it enables year-round use with minimal building technology. All hybrid components can be disassembled into unmixed parts and reused in a circular manner.

The *Hybrid Flax Pavilion* project emerged out of the Cluster of Excellence "Integrative Computational Design and Construction for Architecture" (IntCDC) at the University of Stuttgart, under the direction of Achim Menges and Jan Knippers, in cooperation with the Landesgartenschau Wangen im Allgäu 2024, the City of Wangen im Allgäu and other partners.

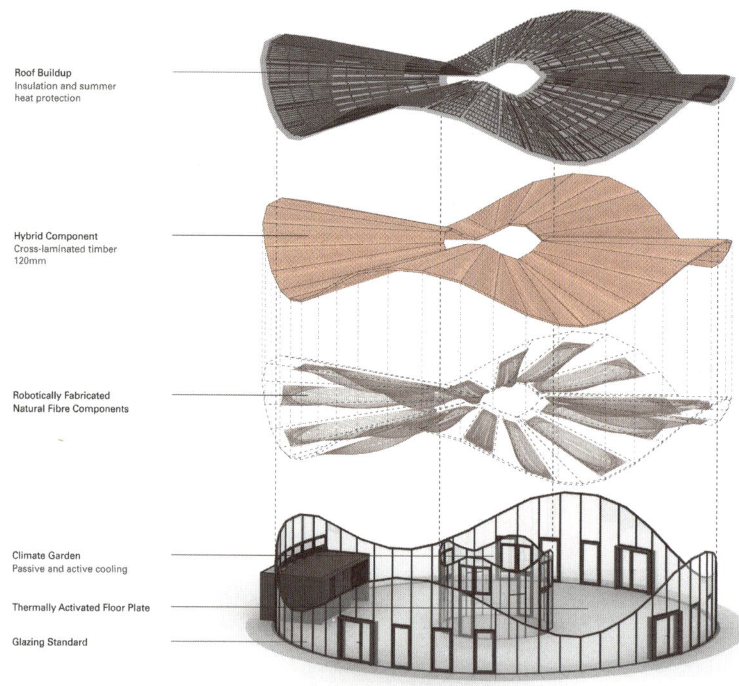

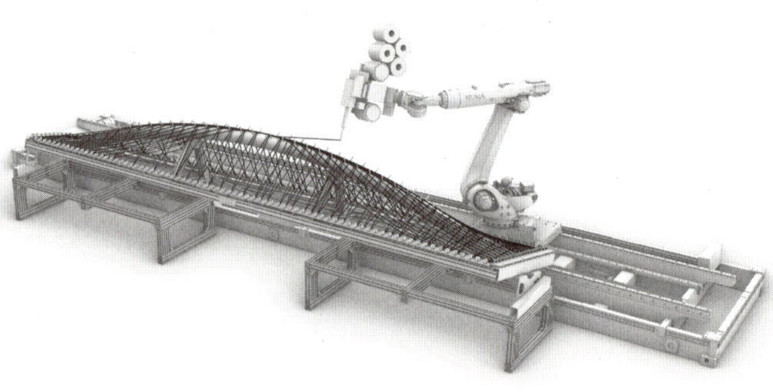

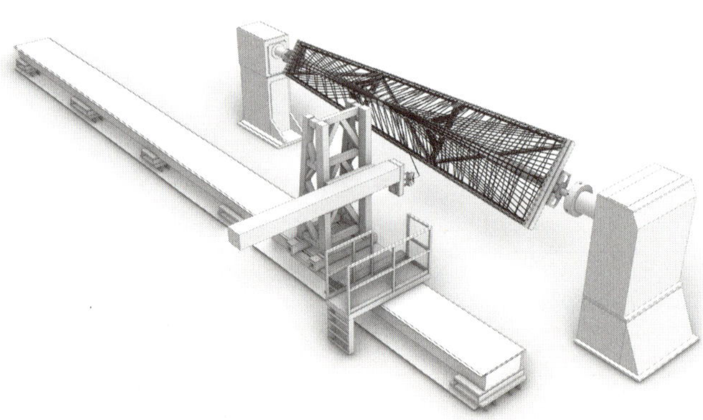

Der *Hybrid Flax Pavilion* zeigt erstmals weltweit eine ressourcenschonende Holz-Naturfaser-Hybridkonstruktion als Alternative zu konventionellen Bauweisen. Kombiniert werden schlanke Brettsperrholzplatten und robotisch gewickelte Flachsfaserkörper. Der Einsatz von Flachsfasern erlaubt es, schnell nachwachsende biobasierte Ressourcen aus der Region für die Bauindustrie zu nutzen. Der Innenhof beinhaltet einen Klimagarten und sorgt für natürliche Belüftung. Zusammen mit Bodenplatten aus Recyclingbeton, die durch Erdwärme aktiviert werden, ermöglicht er eine ganzjährige Nutzung bei minimaler Haustechnik. Sämtliche Hybridkomponenten können in sortenreine Einzelteile zerlegt und zirkulär wiederverwendet werden.

Der *Hybrid Flax Pavilion* ist ein Projekt des Exzellenzclusters „Integratives computerbasiertes Planen und Bauen für die Architektur" (IntCDC) der Universität Stuttgart unter der Leitung von Achim Menges und Jan Knippers in Kooperation mit der Landesgartenschau Wangen im Allgäu 2024 und der Stadt Wangen im Allgäu sowie weiteren Partner*innen.

51 University of Stuttgart, IntCDC
Wangen Tower Wangen im Allgäu, DE 2024

Dare to Experiment!
Experimente wagen!

The *Wangen Tower* is the world's first accessible observation tower to use large-scale, selfshaping curved components. The moisture-induced deformation of wood is usually seen as a disadvantage. However, the biological reaction to moisture can also be utilised specifically for the shaping of wooden components. For this purpose, double-layer panels were produced, each consisting of a 30-millimetre thick "active" layer and a cross-laminated 10-millimetre thin "restrictive" layer. After lamination, the panels undergo a controlled drying process in which the active layer shrinks perpendicular to the fibre direction of the boards, effectively shaping the panels into their predicted curved form. The curvature gives the components additional stability. The 23-metre-high tower consists of 12 such curved segments. The geometry of the tower, combined with the curvature of the wooden panels, results in a novel timber structure.

The *Wangen Tower* project emerged out of the Cluster of Excellence "Integrative Computational Design and Construction for Architecture" (IntCDC) at the University of Stuttgart, under the direction of Achim Menges and Jan Knippers, in cooperation with the Landesgartenschau Wangen im Allgäu 2024, the City of Wangen im Allgäu and other partners.

Der *Wangen Tower* ist der weltweit erste begehbare Aussichtsturm, bei dem großformatige Bauteile zum Einsatz kamen, die sich selbsttätig krümmen. Für gewöhnlich wird die feuchtigkeitsbedingte Verformung von Holz als Nachteil betrachtet. Die biologische Reaktion auf Feuchtigkeit kann aber auch gezielt für die Formung von Holzbauteilen genutzt werden. Hierfür wurden beim *Wangen Tower* doppelschichtige Platten aus jeweils einer „aktiven" Schicht mit einer Stärke von 30 Millimetern und höherem Feuchtigkeitsgehalt sowie einer kreuzweise verleimten „restriktiven" Schicht mit einer Stärke von 10 Millimetern hergestellt. Nach dem Verkleben wurden die Paneele einem kontrollierten Trocknungsprozess unterzogen, bei dem die aktive Schicht senkrecht zur Faserrichtung der Bretter schwindet, sodass sich die Paneele von selbst in die vorausberechnete Form biegen. Die Krümmung gibt den Bauteilen zusätzliche Stabilität. Der 23 Meter hohe Turm besteht aus 12 solcher gebogenen Segmente. Die Geometrie des Turms kombiniert mit den Krümmungen der Holzpaneele bilden ein neuartiges Holztragwerk.

Der *Wangen Tower* ist ein Projekt des Exzellenzclusters „Integratives computerbasiertes Planen und Bauen für die Architektur" (IntCDC) der Universität Stuttgart unter der Leitung von Achim Menges und Jan Knippers in Kooperation mit der Landesgartenschau Wangen im Allgäu 2024 und der Stadt Wangen im Allgäu sowie weiteren Partner*innen.

52 Humboldt University of Berlin, Cluster of Excellence, Matters of Activity

Architectural Yarns / Structural Textiles

Berlin, DE
2025

Dare to Experiment!
Experimente wagen!

In the future, architectural practice will work with existing spatial structures in a variety of ways, becoming more adaptive. The interdisciplinary research projects *Architectural Yarns* and *Structural Textiles* investigate the potential of textile binding techniques, such as knitting or weaving, for flexible and reconfigurable architectural elements. Plant fibres from flax and willow or biological materials, such as fungal mycelium and wool, are processed into reconfigurable walls and components.

These methods of construction are accessible and robust. *Architectural Yarns* physically programmes the tactile manual for "knitting" a wall into the coarse flax yarns through graduated yarn diameters. Meanwhile, *Structural Textiles* explores basketry practices and makes use of the inner elasticity of willow rods for the creation of stable spatial elements.

Die architektonische Praxis wird in Zukunft auf vielfältige Weise mit bestehenden Raumstrukturen arbeiten und anpassungsfähiger werden. Die interdisziplinären Forschungsprojekte *Architectural Yarns* und *Structural Textiles* untersuchen hierfür das Potential von textilen Bindetechniken wie Stricken, Wirken oder Weben für flexible, adaptive und wiederverwendbare architektonische Elemente. Pflanzenfasern aus Flachs und Weide oder biologische Werkstoffe wie Pilzmyzel und Wolle werden zu rekonfigurierbaren Wänden und Bauteilen gefügt.

Die Konstruktionsweisen sind zugänglich und robust. *Architectural Yarns* programmiert die taktile Anleitung zum händischen „Stricken" einer Wand durch abgestufte Garndurchmesser physisch in die groben Flachsgarne ein. *Structural Textiles* untersucht Praktiken des Korbflechtens und nutzt die innere Elastizität von Weidenruten, um stabile räumliche Elemente herzustellen.

Prototyping & Design:
Architectural Yarns – Maxie Schneider, Alexandra Chrampanis, Iva Rešetar, Maja Avnat, Jasmin Sermonet, Christiane Sauer
Structural Textiles – Natalija Miodragović with/mit Nelli Singer, Daniel Suárez, Dimitra Almpani-Lekka, Bertram Schmidt, Vera Meyer, Christiane Sauer

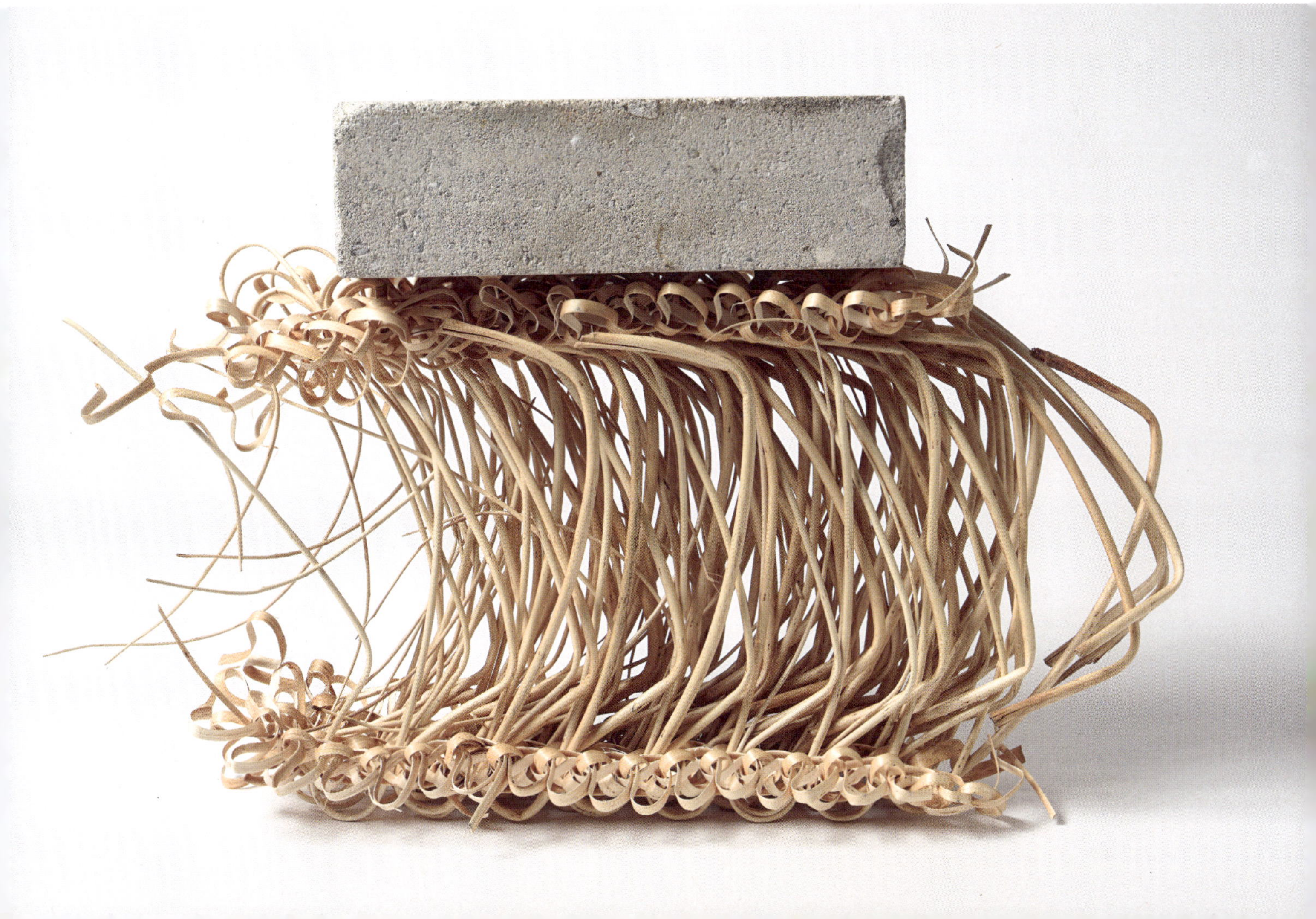

53 Folkwang University of the Arts, SBYD Bio Lab, Johanna Schmeer

Recipes — Rezepte zur Herstellung biobasierter Materialien Essen, DE 2024

Dare to Experiment!
Experimente wagen!

The research group Space for Biomaterials explores bio-based alternatives to petroleum-based materials, focusing on their structural qualities and ecological benefits. By repurposing waste like fruit peels and eggshells or using mycelia, algae and bacterial pigments, new aesthetics and potential uses emerge.

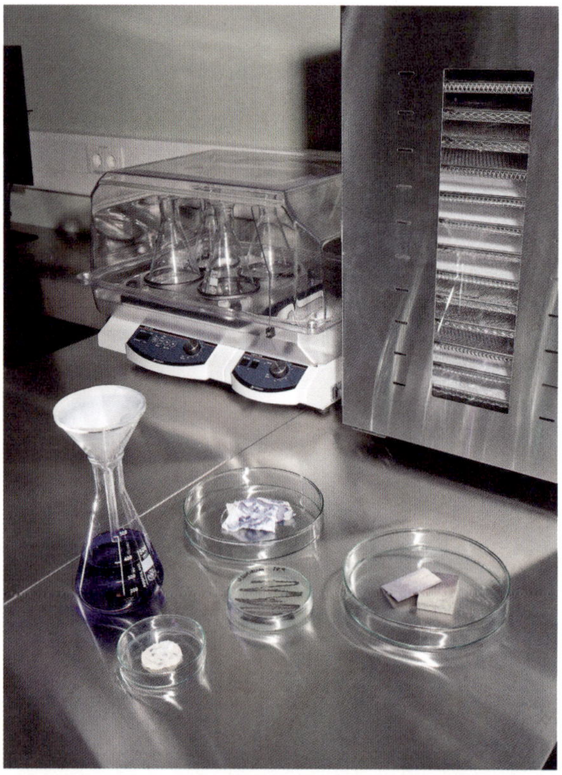

Der Space for Biomaterials erforscht biobasierte Alternativen zu erdölbasierten Materialien und konzentriert sich dabei auf deren strukturelle Qualitäten und ökologischen Nutzen. Durch die Wiederverwendung von Abfällen wie Fruchtschalen und Eierschalen oder die Verwendung von Pilzen, Algen und bakteriellen Pigmenten entstehen neue ästhetische und potenzielle Verwendungsmöglichkeiten.

Architecture and urban development concern us all. Whether you rent or own property, everyone has the right to have a say in the future of our cities and communities. There are many opportunities for participation.

Neighbourhoods are coming together to plant trees. Civil society initiatives are fighting to preserve buildings. Co-operatives are offering forms of housing oriented towards the common good. Start-ups are creating digital platforms for the recycling of building materials. Large property developers are adopting sustainability standards and having their work certified. Cities and municipalities are integrating climate protection into their tendering and contracting processes.

In view of these developments, there is certainly hope that many small initiatives will bring about a major change in Europe. But this will not happen by itself. Everyone should thus consider what they can contribute. In this sense, *WEtransFORM* can be seen as an invitation and encouragement to actively participate in the wider social effort to transform our built environment.

Get Involved!

Aktiv werden!

Architektur und Stadtentwicklung gehen uns alle an. Wer zur Miete wohnt oder eine Immobilie besitzt – jeder hat ein Recht darauf, mit über die Zukunft unserer Städte und Gemeinden zu entscheiden. Die Möglichkeiten zur Partizipation sind vielfältig.

Nachbarschaften finden sich zu gemeinsamen Pflanzaktionen zusammen. Zivilgesellschaftliche Initiativen kämpfen für den Erhalt von Gebäuden. Genossenschaften bieten gemeinwohlorientierte Wohnformen an. Start-ups gründen digitale Plattformen für die Wiederverwertung von Baumaterialien. Große Immobilienentwickler*innen orientieren sich an Nachhaltigkeitsstandards und lassen ihre Arbeit zertifizieren. Städte und Gemeinden verankern Klimaschutz in ihren Ausschreibungen und Auftragsvergaben.

Angesichts dieser Entwicklungen besteht durchaus Hoffnung, dass viele kleine Initiativen die große Transformation in Europa bewerkstelligen werden. Ganz von alleine wird es allerdings nicht gelingen. Deshalb sollten sich alle überlegen, was sie selbst beitragen können. In diesem Sinne kann *WEtransFORM* als Einladung und Ermunterung verstanden werden, an der gesellschaftlichen Bewegung zur Umgestaltung unserer gebauten Umwelt aktiv mitzuwirken.

54 New European Bauhaus *Beautiful, Sustainable, Together: New European Bauhaus Project Highlights*

Get Involved! Aktiv werden!

The New European Bauhaus (NEB) brings citizens, experts, businesses and institutions together to reimagine sustainable living in Europe and beyond. In addition to creating a platform for innovation and collaboration, the initiative also supports positive change by providing access to EU funding for beautiful, sustainable and inclusive projects. Selected projects from the NEB Prizewinners are shown alongside other project highlights.

1

2

3

4

5

Das Neue Europäische Bauhaus (NEB) bringt Bürger*innen, Expert*innen, Unternehmen und Institutionen zusammen, um Europa nachhaltig und neu zu gestalten. Die Initiative schafft nicht nur eine Plattform für Innovation und Zusammenarbeit, sondern unterstützt auch einen positiven Wandel, indem sie den Zugang zu EU-Finanzmitteln für ästhetische, nachhaltige und inklusive Projekte ermöglicht. Gezeigt werden ausgewählte Projekte aus den Gewinner*innen der NEB-Preise und weitere Projekthighlights.

7

9

6

7

8

9

10

11

12

13

14

15

6) 7) © NEST, 2024. 8) 9) 10) © Gleis 21, 2022.
11) 12) © Rooftop Garden, 2024. 13) 14) 15) © Leo States, 2024.

55 Myvillages *Rural Undercurrents* 2003–ongoing

Get Involved!
Aktiv werden!

The collective Myvillages is committed to ecological and economic knowledge transfer in a rural context. Their artistic practice is based on a network idea that is close to nature. They explore, develop, activate and empower fields of action between non-human and human species.

Das Kollektiv Myvillages engagiert sich für den ökologischen und ökonomischen Wissenstransfer im ländlichen Kontext. Seine künstlerische Praxis basiert auf einem naturverbundenen Netzwerkgedanken. Die Mitglieder ergründen, entwickeln, aktivieren und ermächtigen Handlungsfelder zwischen nichtmenschlichen und menschlichen Spezies.

talk
would
if chicken

56 House Europe! NGO
HouseEurope! Power to Renovation

Berlin, DE
2025

Get Involved!
Aktiv werden!

HouseEurope! is a European Citizens' initiative that wants to see less demolition and new construction and more renovation and conversion. The aim is to get new EU legislation passed to provide the framework, incentives and regulations. This is because the current practice of demolishing buildings to make way for new ones consumes huge amounts of resources and produces huge amounts of waste. One million votes from across Europe are needed. Sign now!

HouseEurope! ist eine europäische Bürgerinitiative, die weniger Gebäude abreißen und neu bauen und stattdessen mehr renovieren und umbauen möchte. Ziel ist die Verabschiedung neuer EU-Gesetze, die entsprechende Rahmenbedingungen, Anreize und Regulierungen enthalten. Hintergrund sind der enorme Ressourcenverbrauch und die gewaltigen Abfallmassen, die die gängige Praxis von Abrissen für Neubauten verursacht. Benötigt werden 1 Million Stimmen aus ganz Europa. Sign now!

57 Transform.NRW Network/Verbund

Art, culture and design have the potential to reveal prevailing structures in society, unveiling their impacts on our daily lives and production cycles, and proposing more sustainable alternatives, especially in collaborations with sustainability scientists. Inspired by this thesis, transform.NRW offers a hybrid platform that enables actors from the fields of art, culture, design and science to enter into dialogue with the realms of business, politics and civil society, initiating both social and ecological transformations.

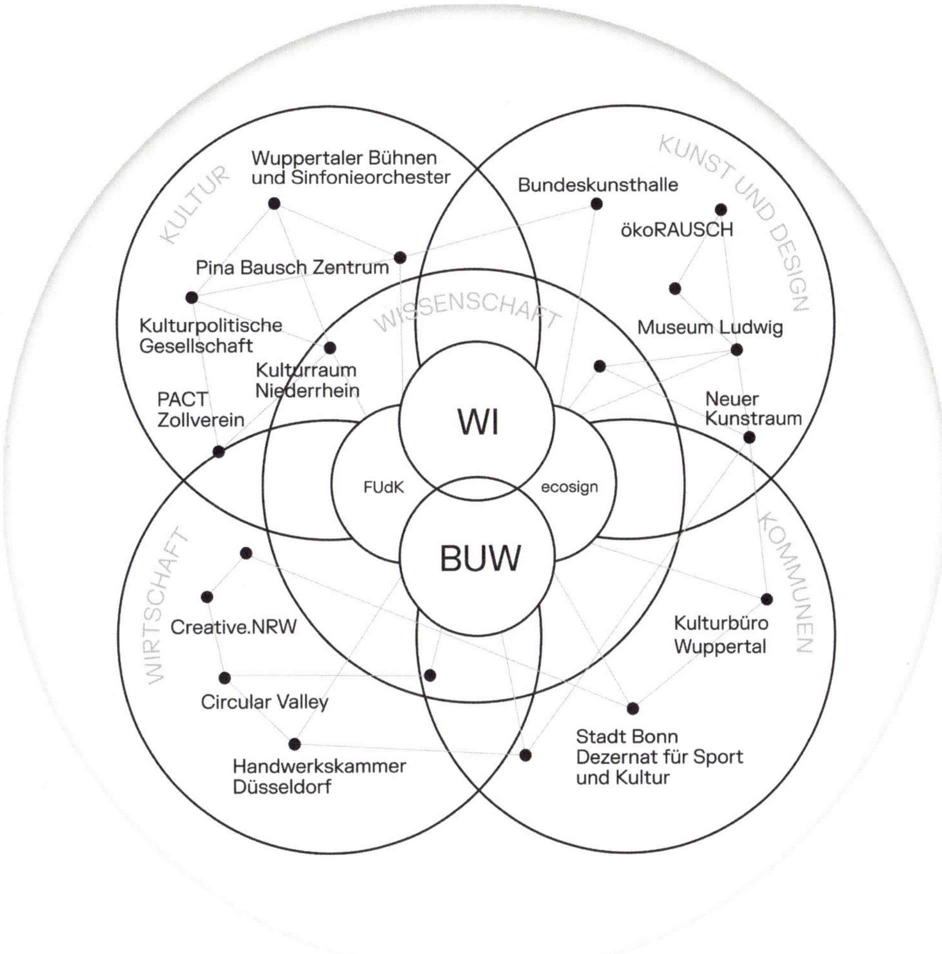

Kunst, Kultur und Design haben das Potenzial, bestehende Strukturen sowie Lebens- und Produktionsverhältnisse aufzuzeigen und in nachhaltige Muster zu transformieren. Ausgehend von dieser These entwickelt transform.NRW eine hybride Plattform, über die Kunst, Kultur, Design und Wissenschaft mit Wirtschaft, Politik und Gesellschaft zur Umsetzung sozial-ökologischer Transformationen in Austausch treten können.

Get Involved! Aktiv werden!

Olaf Grawert

HouseEurope! Conversion Instead of New Construction

HouseEurope! Umbau statt Neubau

Mr Grawert, you've been involved in the conversion and repurposing of existing buildings for many years. What are the advantages compared to a new building?

It's still not talked about enough, but the construction sector is the largest CO_2 emitter in the world. Concrete and cement alone account for 8 per cent. That's almost three times as much as all air traffic. Overall, the construction sector is responsible for 39 per cent of global emissions, including energy used in buildings, manufacturing, mining, building materials, transport and demolition. So this is a big lever for change.

When you ask about the benefits of repurposing existing buildings, the first thing you have to realise is that, at the moment, we see the risks more than the benefits. It's also a cultural issue. This is not the case in all European Union countries. Germany is definitely one of the countries where there is a strong focus on risk. There is also the idea that the old is always worse than the new. And that people are more willing to throw something away and buy a new one than try to repair it. But there's a lot of potential in the existing building stock: Firstly, no rental property will be cheaper than that in existing buildings. It is currently impossible to build new and still offer affordable rents. The costs are simply too high. In addition, many buildings are now being demolished simply because it's more profitable to build new ones. Often, condominiums are built instead of rented flats. And that in turn leads to displacement.

Secondly, renovating existing buildings secures local jobs in small and medium-sized companies. If I have 1 million euros to invest either in a renovation or a new building, most of the money will go into labour if I'm renovating an existing building because most of the building is already there. With a new building, on the other hand, the money usually goes into the purchase of standardised components, which often come from abroad. That's why the German trades are fully behind our efforts.

Lieber Herr Grawert, Sie beschäftigen sich seit vielen Jahren mit dem Umbau und der Umnutzung von bestehenden Gebäuden. Was sind die Vorteile gegenüber einem Neubau?

Es wird immer noch zu wenig darüber gesprochen, aber der Bausektor ist der größte CO_2-Emittent der Welt. Allein Beton und Zement verursachen 8 Prozent. Das ist knapp dreimal so viel wie der gesamte Flugverkehr. Insgesamt verursacht der Gebäudesektor 39 Prozent der globalen Emissionen, inklusive Energieverbrauch für Gebäude, Herstellung, Minen, Baustoffe, Verkehr, Abriss. Das ist also ein großer Hebel für Veränderungen.

Wenn man die Frage stellt, welche Vorteile die Umnutzung von Bestandsgebäuden hat, muss man zunächst einmal beobachten, dass wir derzeit vor allem die Risiken sehen. Das ist auch eine kulturelle Frage. Nicht in allen Ländern der Europäischen Union ist das der Fall. Deutschland ist definitiv eines der Länder, in denen man sich sehr auf Risiken konzentriert. Dazu kommt die Vorstellung, dass das Alte immer schlechter als das Neue sei. Und dass man eher bereit ist, etwas wegzuwerfen und neu zu kaufen, statt es zu reparieren.

Die Potenziale des bereits existierenden Gebäudebestands sind aber vielfältig: Erstens wird keine Miete billiger werden als die von Bestandsgebäuden. Es ist derzeit nicht möglich, Neubau zu realisieren und günstige Mieten zu erzielen. Dafür sind einfach die Kosten zu hoch. Darüber hinaus werden heute sehr viele Gebäude abgerissen, einfach weil der Neubau mehr Profit verspricht. Oft entstehen dann auch Eigentumswohnungen statt Mietwohnungen. Und das führt wiederum zu Verdrängung.

Zweitens sichert die Renovierung von Bestand lokale Arbeitsplätze in kleinen und mittelständischen Betrieben. Wenn ich eine Million Euro habe und die entweder in einen Umbau oder einen Neubau investiere, geht dieses Geld beim Umbau vor allem in die Arbeitskraft, weil das Gebäude ja größtenteils schon da ist. Beim Neubau geht es dagegen in der Regel in den Erwerb standardisierter

Thirdly, there's great ecological potential. We've used a lot of energy in the past for all these buildings. Now they are standing there, and they may have stored CO_2 for 50 years. The moment I demolish and dispose of the building, I also discard all that energy, and then I have to use a lot of energy to build a new one. It's true that a new building uses less energy, but only after many years, because all the extra energy I use to create the new building has to be offset. But we don't have that much time if we want to achieve the climate targets set by politicians. So there's a big misunderstanding here.

Perhaps a fourth point is also important: it's a reminder of history and the stories of us humans. I think we all know this from our parents' homes. It depends on where you grew up. I come from a rural background. My father showed me how the house was built. I know the photographs of how everyone came together – family or neighbours – to build the house. We see the history and feel the emotions. And all the houses that are being demolished were someone's home. I think there needs to be a rethink here.

The same goes for architectural trends. That is, where you say, OK, I'm going to tear it down because I don't like it anymore. We can no longer afford that. In the end, it's also a fallacy, because demolition doesn't just lead to the one individual house I dreamed of. If you're honest, most of the buildings in new developments look the same.

Admittedly, not every building can be repurposed. That would be naive. It's particularly difficult with smaller or older buildings, which may have been built cheaply or poorly because there was little money available at the time. And of course with housing in recent decades, which was built very cheaply because no one thought that it should last a long time. Large construction companies do not plan and build for 100 years; they build for the end of the liability or guarantee of the building materials. This means that many of these fast, cheap buildings will have to be renovated sooner rather than later. This also needs to change.

That's why we're working with the HouseEurope! Citizens' Initiative to push for new EU laws that make building renovation the new norm and stop speculation-driven demolition.

Bauteile, die nicht selten aus dem Ausland kommen. Deswegen stehen die deutschen Handwerksbetriebe auch hinter unseren Bestrebungen.

Drittens gibt es ein großes ökologisches Potenzial. Für all diese Gebäude haben wir in der Vergangenheit schon sehr viel Energie aufgewendet. Jetzt stehen sie da und haben vielleicht 50 Jahre lang CO_2 gespeichert. In dem Moment, in dem ich das Gebäude abreiße und wegwerfe, werfe ich auch all diese Energie weg, um dann sehr viel Energie aufzuwenden, um ein neues Gebäude zu bauen. Dass ein Neubau weniger Energie verbraucht, stimmt zwar, aber erst in vielen Jahren, weil erst die ganze zusätzliche Energie, die ich für den Neubau aufwende, kompensiert werden muss. So lange haben wir aber gar nicht Zeit, wenn wir die Klimaziele der Politik erreichen wollen. Da gibt es also ein großes Missverständnis.

Dann ist vielleicht noch ein vierter Punkt wichtig: Das ist die Erinnerung an die Geschichte und die Geschichten von uns Menschen. Ich glaube, wir kennen das alle von unseren Elternhäusern, je nachdem wie man aufgewachsen ist. Ich komme vom Land. Mein Vater hat mir gezeigt, wie das Haus gebaut wurde. Ich kenne die Fotos, wie alle zusammengekommen sind, Familie oder Nachbarn, die das Haus gebaut haben. Da sehen wir die Geschichte und spüren die Emotionen. Und all die Häuser, die abgerissen werden, die waren ja das Zuhause von jemandem. Ich glaube, da muss es ein Umdenken geben.

Das gilt auch für die Moden in der Architektur. Also dort, wo man sagt, okay, ich reiße das jetzt ab, weil es mir nicht mehr gefällt. Das können wir uns nicht mehr leisten. Letztlich ist es auch ein Trugschluss, weil der Abriss nicht einfach zu dem einen individuellen Haus führt, von dem ich geträumt habe. Wenn man ehrlich ist, sehen die Gebäude in den Neubaugebieten ja zum Großteil alle gleich aus.

Zugegebenermaßen lässt sich nicht jedes Gebäude umnutzen. Das wäre naiv. Schwierig wird es vor allem bei kleineren oder älteren Gebäuden, die vielleicht auch billig oder schlecht gebaut wurden, weil es damals schon wenig Geld gab, und ganz klar auch beim Wohnungsbau der letzten Jahrzehnte, der einfach sehr billig gebaut wurde, weil man nie daran gedacht hat, dass das lange halten soll. Große Bauunternehmen planen und bauen nicht für 100 Jahre, die bauen bis ans Ende der Haftbarkeit oder der Garantie von Baustoffen. Das heißt, viele dieser schnellen, billigen Architekturen werden früh zu Sanierungsfällen. Auch das muss sich ändern.

Deshalb setzen wir uns mit der Bürger*inneninitiative HouseEurope! für neue EU-Gesetze ein, die die Renovierung von Gebäuden zu einer neuen Norm machen und spekulationsgetriebenen Abriss stoppen.

58 Fuggerei
Fuggerei NEXT500 Augsburg, DE 2021

Get Involved!
Aktiv werden!

The Fuggerei in Augsburg is a social housing complex with 142 residences. It was founded in 1512 and today offers around 150 Augsburg citizens of the Catholic faith the opportunity "to lead a self-determining life in dignity for a minimum spiritual and monetary consideration". To mark its 500th anniversary, the core ideas of the Fuggerei have been reviewed for their potential to meet today's challenges and developed as a model for social innovation around the world. Internationally, private donors can combine their social commitment with the guiding principles of the Fuggerei and establish their own community-oriented housing foundations.

Die Fuggerei in Augsburg ist eine Sozialsiedlung mit 142 Wohnungen. Sie wurde 1512 gegründet und bietet heute rund 150 bedürftigen Gläubigen aus der Region die Möglichkeit, „für eine minimale spirituelle und monetäre Gegenleistung [...] ein selbstbestimmtes Leben in Würde zu führen". Zum 500. Jubiläum wurden die Kernideen der Fuggerei in Hinblick auf ihr Potenzial, aktuellen Herausforderungen zu begegnen, reflektiert und als Vorbild für soziale Innovation rund um den Globus weiterentwickelt. So können private Stifter*innen in aller Welt ihr soziales Engagement mit den Leitgedanken der Fuggerei verbinden und eigene gemeinschaftsorientierte Wohnstiftungen gründen.

FINSTERE GASSE

59 Bauhaus Erde
Bas Princen: ReBuilt. Bali, Bhutan

Get Involved! Aktiv werden!

Berlin, DE
2023–2025

Bauhaus Earth was launched in 2019 by the renowned climate researcher Hans Joachim Schellnhuber to promote a sustainable transformation of the building sector. Since then, the initiative has addressed a wide range of issues related to building within planetary boundaries. As part of the *ReBuilt* project, the Dutch photographer Bas Princen was invited to explore regional value chains in several countries. In Bhutan, for example, he accompanied a local community as they managed their own forest and manually processed the wood needed to build their temple.

Bauhaus Erde wurde 2019 vom renommierten Klimaforscher Hans Joachim Schellnhuber ins Leben gerufen, um eine nachhaltige Transformation des Bausektors voranzutreiben. Seither beschäftigt sich die Initiative mit vielfältigen Fragen des Bauens in planetaren Grenzen. Im Rahmen des Projekts *ReBuilt* wurde der niederländische Fotograf Bas Princen eingeladen, regionale Wertschöpfungsketten in mehreren Ländern zu beleuchten. So begleitete er in Bhutan eine lokale Gemeinschaft bei der Bewirtschaftung ihres eigenen Waldgebiets und der manuellen Verarbeitung des für den Tempelbau benötigten Holzes.

Get Involved! Aktiv werden!

Angela Kesselring

Communication Is the Key to Everything

Kommunikation ist der Schlüssel zu allem

Ms Kesselring, you have been involved in the communication of transformation processes for many years. How can people be won over to change in the interests of sustainable development?

People are always open to something new if it touches them emotionally and gives them a concrete opportunity to act. Ideally, this should be a positive vision of the future. It is important that our communications do not repeatedly emphasise crisis scenarios but instead convey attractive visions of a sustainable society.

I'm at home in the world of narratives. This means that good stories with real-life role models have a particularly strong impact. And when I talk about stories, I'd like to give you an example.

I think we have all heard of the 15-minute city: everything you need in your daily life is within 15 minutes' walking or cycling distance: work, school, nursery, the organic supermarket, cafés, parks. It's easy to see why this is so attractive: quality of life is improved because there are no long journeys, no traffic jams, no overcrowded trains and therefore less stress. You have more time to spend with your family, friends or on your own, as you wish. Fewer cars on the road means better air quality, less noise and more space for green areas and social gatherings. And that, in turn, makes us more resilient to emotional stress and, according to one study, actually increases feelings of happiness. This is an incredibly positive momentum for inspiring people to embrace a socio-ecological transformation.

Communication is not purely about sharing information. People don't just want to be informed. They want to be heard and understood, to be involved and to take action. These are basic human needs.

If you can relate to something because it resonates with you, it has a greater chance of success. That's why individual points of contact are extremely important in communication. And if you have attractive visions of the future and inspiring narratives that seem feasible, you create a momentum, which means you don't have to lead

Liebe Frau Kesselring, Sie beschäftigen sich seit vielen Jahren mit der kommunikativen Begleitung von Transformationsprozessen. Wie lassen sich Menschen für Veränderungen im Sinne einer nachhaltigen Entwicklung gewinnen?

Menschen lassen sich immer dann für etwas Neues begeistern, wenn sie emotional berührt werden und sie das Gefühl haben, dass jetzt eine konkrete Handlungsmöglichkeit aufgeht. Und die sollte im besten Fall ein positives Zukunftsbild transportieren. Wichtig in der Kommunikation ist also, dass wir nicht immer wieder Krisenszenarien betonen, sondern attraktive Visionen einer nachhaltigen Gesellschaft vermitteln.

Ich bin zu Hause in der Welt der Narrative. Das heißt, gute Geschichten mit echten Vorbildern wirken besonders stark. Und wenn ich über Geschichten spreche, würde ich Ihnen gerne ein Beispiel nennen:

Das, wovon, glaube ich, alle inzwischen mal gehört haben, ist das Bild einer 15-Minuten-Stadt: Alles, was du im Alltag brauchst, ist innerhalb von 15 Minuten zu Fuß oder mit dem Fahrrad erreichbar: Arbeit, Schule, Kindergarten, der Bio-Supermarkt, Cafés, Parks. Warum das begeistert, liegt auf der Hand: Die Lebensqualität steigt, weil es keine langen Verkehrswege, keine Staus, keine überfüllten Bahnen und damit weniger Stress gibt. So bleibt mehr Zeit für Familie, Freunde oder Self-Maintenance, je nachdem. Weniger Autos vor der Haustüre zu haben, verbessert die Luftqualität, reduziert den Lärm, schafft Platz für Grünflächen und soziale Begegnungen. Und das wiederum stärkt unsere Resilienz im Umgang mit emotionalen Belastungen und steigert laut einer Studie tatsächlich Glücksgefühle. Das ist ein wahnsinnig tolles Momentum, um Menschen für eine sozialökologische Transformation zu begeistern.

Also Kommunikation ist nicht nur die Weitergabe von Informationen. Menschen wollen nicht nur informiert werden. Sie wollen gehört und verstanden, eingebunden und selber aktiv werden. Das sind menschliche Grundbedürfnisse.

anyone anywhere, but everyone can set out on their own. People influence each other. Those who share good examples also inspire others to join in.

But simply having a good idea or being right has never been enough to make an impact. You have to give people the opportunity to engage with these ideas and to make their own mental or emotional connection. Good communication is about picking people up and taking them with you, taking their concerns seriously, breaking down barriers and building trust. This in turn takes time, so the right pace is crucial.

Social change requires critical mass. Strong networks help to share knowledge, build alliances and pool resources. This is particularly successful when you have bridge-builders who connect different sectors, such as science, business and civil society. This requires spaces – digital and physical spaces where people can come together. This promotes visibility and dynamism. And of course, the more stakeholders that are connected, the stronger the transformation movement becomes. Finally, it certainly helps to generate political pressure: that is, direct discussions with politicians, petitions, referendums which help to advance sustainable urban development in practice.

Ultimately, however, change starts with us: I think about how I envision my future. How do I want to feel 10 or 20 years from now? And what can I do now to create the future I want? Do I want to feel healthy? Then I already know what I can do and how I can change my lifestyle accordingly. For example, spending more time outdoors, living in a healthy environment, spending time with other people, or supporting a neighbourhood initiative. This means that change always starts on a small scale. The beauty of this is that the reins of action lie with all of us. In the end, everyone can be an agent of change.

Sobald wir uns mit etwas identifizieren können, weil es mit uns selber resoniert, hat es eine größere Aussicht auf Erfolg. Deshalb sind individuelle Anknüpfungspunkte in der Kommunikation wahnsinnig wichtig. Und wenn wir attraktive Zukunftsbilder und inspirierende Narrative haben, die auch machbar erscheinen, entwickelt das einen Sog, sodass wir niemanden irgendwohin führen müssen, sondern sich jeder selber auf den Weg machen kann. Menschen beeinflussen sich gegenseitig. Wer gute Beispiele teilt, der inspiriert auch andere dazu, mitzumachen.

Allerdings hat es noch nie gereicht, einfach nur eine gute Idee zu haben oder im Recht zu sein, um Wirkung zu erzielen. Wir müssen den Menschen die Möglichkeit geben, sich mit diesen Ideen anzufreunden und sie selber irgendwie im Kopf zu bewegen oder im Herzen. Gute Kommunikation bedeutet deshalb schon auch, die Leute abzuholen und mitzunehmen, Bedenken ernst zu nehmen, Blockaden aufzulösen, Vertrauen zu schaffen. Das wiederum braucht Zeit, sodass das richtige Tempo entscheidend ist.

Gesellschaftlicher Wandel braucht eine kritische Masse. Starke Netzwerke helfen dabei, Wissen zu teilen, Allianzen zu bilden und Ressourcen zu bündeln. Das gelingt vor allem dann, wenn es Brückenbauer gibt, die unterschiedliche Sektoren miteinander verbinden, also etwa Wissenschaft, Wirtschaft und Zivilgesellschaft. Dafür braucht es Räume – digitale wie physische Räume, in denen es möglich ist, zusammenzukommen. Das fördert die Sichtbarkeit und die Dynamik. Und je mehr Akteur*innen sich vernetzen, desto stärker wird natürlich auch die Transformationsbewegung. Und schließlich hilft es sicher, politischen Druck zu erzeugen, also direkte Gespräche mit Politiker*innen, Petitionen, Bürger*innenentscheide, die helfen, nachhaltige Stadtentwicklung in der Praxis voranzutreiben.

Letztlich beginnt der Wandel aber bei mir selber: Ich überlege mir, wie ich mir die Zukunft vorstelle. Wie will ich mich in 10 oder 20 Jahren fühlen? Und was kann ich jetzt schon dazu beitragen, dass die Zukunft, die ich haben will, dass die sich auch erzeugt? Will ich mich gesund fühlen? Dann weiß ich eigentlich schon, was ich tun kann und wie ich meinen Lebensstil daraufhin ausrichten könnte. Etwa mehr in der frischen Luft bewegen oder in gesunden Räumen wohnen oder mit anderen Menschen zusammen sein oder eine Nachbarschaftsinitiative unterstützen. Das heißt, dass Veränderungen tatsächlich immer im Kleinen beginnen. Das ist auch etwas Schönes, weil das Heft des Handelns bei uns allen liegt. Letztlich kann jede*r Gestalter*in des Wandels sein.

Jan Knikker
A Kind of Carbon Diet

Get Involved!

Mr Knikker, MVRDV was invited to design the exhibition architecture for *WEtransFORM* at the Bundeskunsthalle. What does the concept look like?

The guiding principles of the exhibition also reflect our own ambitions. *WEtransFORM* is about sustainability, so it's important to us that the exhibition architecture is also sustainable, that materials are used carefully and that circular processes are applied. We want to use a lot of existing resources and put them to new uses. We also want the exhibition to be an inclusive and immersive experience. Sometimes it will be quite unusual. We don't want the whole thing to just look ecological or even frumpy. We want to try to make a really good exhibition that still produces no waste. That's a very fundamental task. The architecture should support the content and illustrate our goal: a low-carbon exhibition. All our projects are measured. This means that we use software we've developed ourselves to check how much CO_2 equivalent the projects will cost.

Museums around the world create exhibitions and produce temporary installations. A lot of material is used and then often thrown away. This waste is a thorn in our side, and we try to avoid it as much as possible. That's our dogma. So, we went to the cellars and archives of the Bundeskunsthalle, on a treasure hunt, so to speak. They have a great exhibition construction system (Octanorm) with which walls can be erected and dismantled again and again – almost like LEGO. With the various finds, we're staging a fascinating exhibition in the sense that there's a great variety and a great many forms – everything is very lively. We want to show that recycling can be a great thing and not necessarily boring; on the contrary, it becomes diverse, colourful and hopefully fun.

To what extent is MVRDV committed to sustainable urban development?

We're a Dutch firm and to give you an example: my own house is in The Hague, in the city centre, 2 metres below sea level. It's 400 years old and has never

Eine Art Kohlenstoff-Diät

Aktiv werden!

Lieber Herr Knikker, MVRDV wurde eingeladen, die Ausstellungsarchitektur für *WEtransFORM* in der Bundeskunsthalle zu übernehmen. Wie darf man sich die Konzeption vorstellen?

Die Leitgedanken der Ausstellung entsprechen auch unseren eigenen Ambitionen. *WEtransFORM* beschäftigt sich mit Nachhaltigkeit, daher ist es uns wichtig, auch die Ausstellungsarchitektur nachhaltig zu gestalten, achtsam mit dem Material umzugehen und zirkuläre Methoden anzuwenden. Wir möchten viele vorhandene Ressourcen nutzen und neu einsetzen. Die Ausstellung soll darüber hinaus ein inklusives und immersives Erlebnis werden. Manchmal wird sie eher ungewöhnlich sein. Schließlich soll das Ganze ja nicht einfach nur ökologisch oder sogar altbacken aussehen. Wir wollen versuchen, eine wirklich gute Ausstellung zu machen, die aber dennoch keinen Abfall produziert. Das ist eine sehr fundamentale Aufgabe. Die Architektur soll den Inhalt tragen und unser Ziel illustrieren: eine CO_2-arme Ausstellung. Bei allen unseren Projekten wird nachgemessen. Das heißt, wir nutzen eine firmeneigene Software, um zu überprüfen, wie viel CO_2-Äquivalent die Projekte kosten.

Auf der ganzen Welt machen Museen Ausstellungen und produzieren damit temporäre Installationen. Da wird sehr viel Material verwendet und oftmals weggeschmissen. Dieser Müll, der anfällt, ist uns ein Dorn im Auge und wir wollen versuchen, ihn bestmöglich zu vermeiden. Das ist unser Dogma. So sind wir in die Keller und Archive der Bundeskunsthalle gegangen, auf Schatzsuche sozusagen. Dort gibt es tolle Bausysteme (Octanorm), womit Wände immer wieder auf- und abgebaut werden – fast wie LEGO. Mit den unterschiedlichen Fundstücken produzieren wir eine aufregende Ausstellung in dem Sinn, dass es eine große Vielfalt gibt, sehr viele Formen, sehr lebendig alles. Wir wollen zeigen, dass Recycling eine tolle Sache sein kann und nicht unbedingt langweilig ist, vielmehr wird es vielfältig, bunt und macht hoffentlich Spaß.

been flooded. But we don't know how much longer the city will exist as such – because of climate change. As architects, we have a huge responsibility to the planet, because the construction industry is currently responsible for a good 39 per cent of global emissions. The EU member states have agreed to halve these emissions by 2030. For us, this means halving the approximately 800 kilograms of CO_2 per square metre and continuing to work on emissions beyond 2030. We want to be part of the solution, not part of the problem.

An exhibition like *WEtransFORM* gives many architects hope and offers solutions. When you see how serious the problem is, you can sometimes get a little discouraged. That's why we need exhibitions like this to show that there are examples of good practice and that these examples can be developed further. There are many innovative solutions, especially in the Western world. This is morally important because we are also the biggest consumers. But it's the Global South that suffers most from our emissions and from climate change.

Our team fully agrees that other architects are welcome to use our findings so that we can all improve in terms of sustainability. That's what this exhibition is all about. We're all on this planet together – I'm suddenly sounding very emotional – and we have to solve the problems together. If someone finds a solution, we all have to use it. That's idealistic on the one hand, but on the other hand it's pure selfishness – so that my house doesn't disappear in 150 years and maybe my grandchildren can still live in The Hague, instead of being refugees elsewhere in Europe.

Inwiefern fühlt sich MVRDV einer nachhaltigen Stadtentwicklung verpflichtet?

Wir sind ein niederländisches Büro und um Ihnen ein Beispiel zu geben: Mein eigenes Haus steht in Den Haag, in der Innenstadt, 2 Meter unter dem Meeresspiegel. Es ist 400 Jahre alt und war noch nie überflutet. Nun wissen wir aber nicht, wie lange es diese Stadt noch geben wird – wegen des Klimawandels. Gerade als Architekt*innen haben wir dem Planeten gegenüber eine riesige Verantwortung, weil die Bauindustrie im Moment für gut 39 Prozent der weltweiten Emissionen verantwortlich ist. Gemeinsam haben die EU-Mitgliedstaaten vereinbart, diese Emissionen bis 2030 um die Hälfte zu senken. Für uns bedeutet das, dass wir die etwa 800 Kilogramm CO_2 pro Quadratmeter halbieren müssen und nach 2030 weiter am Ausstoß arbeiten. Dementsprechend ist unser Anspruch, dass wir Teil der Lösung sind und nicht mehr Teil des Problems.

Eine Ausstellung wie *WEtransFORM* gibt vielen Architekt*innen Hoffnung und bietet Lösungen an. Wenn man sieht, wie ernst das Problem ist, kann man manchmal auch etwas mutlos werden. Daher brauchen wir solche Ausstellungen, um zu zeigen, dass es gute Vorbilder gibt und dass man diese Beispiele auch weiterentwickeln kann. Gerade in der westlichen Welt werden viele innovative Lösungen angeboten. Das ist moralisch wichtig, da wir ja auch die größten Verbraucher*innen sind. Der Globale Süden hingegen leidet am meisten unter unseren Emissionen und unter dem Klimawandel.

Im Team sind wir uns einig darüber, dass andere Architekt*innen unsere Erkenntnisse gerne nutzen können, damit wir alle in puncto Nachhaltigkeit etwas besser werden. Das ist ja auch der Sinn dieser Ausstellung. Wir sind alle zusammen auf diesem Planeten – jetzt klinge ich plötzlich ganz pathetisch –, wir müssen die Probleme zusammen lösen. Wenn irgendjemand eine Lösung findet, dann müssen wir sie alle nutzen. Das ist zwar einerseits idealistisch, andererseits aber purer Egoismus, damit mein Haus in 150 Jahren nicht verschwindet und vielleicht meine Enkelkinder immer noch in Den Haag wohnen können anstatt als Geflüchtete sonst wo in Europa.

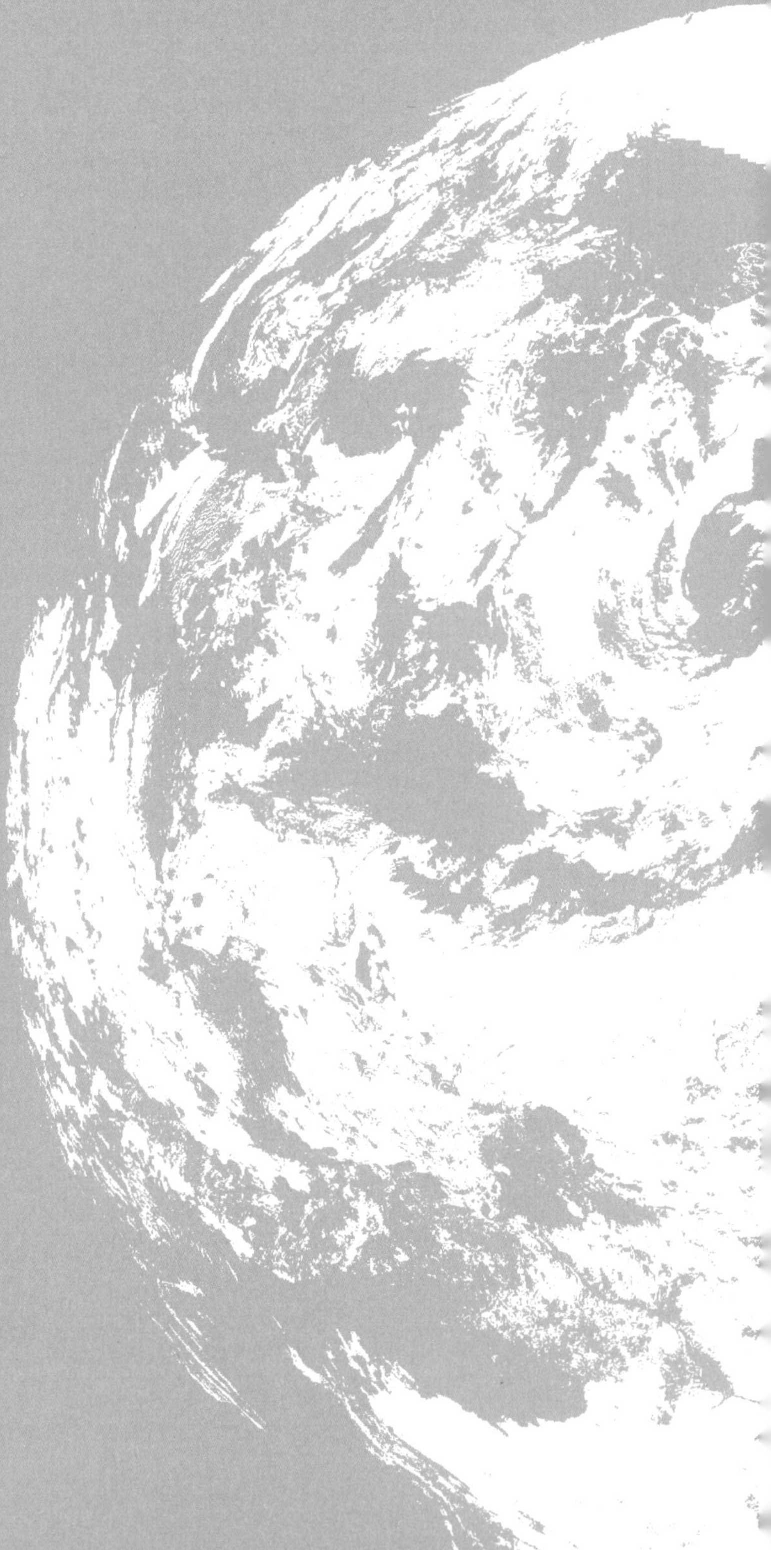

Project Directory

01
ecoLogicStudio
Claudia Pasquero & Marco Poletto
London/Turin, GB/IT
Tree.ONE
Bonn, DE, 2025

02
AHEC (American Hardwood Export Council) / DIEZ OFFICE / OMC°C (Office for Micro Climate Cultivation)
Vert
Bonn, DE, 2025

03
Philippe Rahm architectes
Paris, FR
Ville bioclimatique
Aix-en-Provence, FR, 2024

04
AHEC (American Hardwood Export Council) / DIEZ OFFICE / OMC°C (Office for Micro Climate Cultivation)
Vert
London, GB, 2024

05
Andrés Jaque / Office for Political Innovation (with Miguel Mesa del Castillo)
Madrid, ES
Rambla Climate-House
Molina de Segura, ES, 2018–2021

06
Less Yellow
Forian Hertweck & Céline Zimmer
Bettembourg, LU
Glasner Haus
Dernau an der Ahr, DE, 2022

07
Powerhouse Company
Rotterdam, NL
Floating Office Rotterdam (FOR)
Rotterdam, NL, 2021

08
MVRDV
Rotterdam, NL
WHAT-IF: Nederland 2100,
Amsterdam, NL, 2024

09
mischer'traxler studio
Vienna, AT
Curiosity Cloud
London, GB, 2015

10
Alexandra Daisy Ginsberg
London, GB
Pollinator Pathmaker
Cornwall, GB, 2021–ongoing

11
Studio Céline Baumann
Basel, CH
Parliament of Plants
Bonn, DE, 2019–2025,
Rosental Mitte
Basel, CH, 2024–2050

12
Studio Animal-Aided Design
Thomas Hauck, Wolfgang W. Weisser
Berlin, DE
Oberbillwerder
Hamburg, DE, 2021–2025

13
OLA Office for Living Architecture
Ferdinand Ludwig, Daniel Schönle, Jakob Rauscher
Stuttgart, DE
Haus der Zukunft
Berlin, DE, 2012
Platanenkubus
Nagold, DE, 2012

14
Willemsen*en*U
Eindhoven, NL
House Under the Ground
NL, 2023

15
Lehm Ton Erde
Martin Rauch
Schlins, AT
Erden Pure Walls / Wohnhaus
AT

16
Studio Anna Heringer
Laufen, DE
Campus St. Michael
Traunstein, DE, 2025

17
Andrés Jaque / Office for Political Innovation
Madrid, ES
Reggio School
Madrid, ES, 2022

18
Proarh
Zagreb, HR
Hiža
Kumrovec, HR, 2011–2015

19
DP6 architectuurstudio
Delft, NL
The Natural Pavilion
Almere, NL, 2022

20
Technical University of Munich, Florian Nagler
Munich, DE
6 Forschungshäuser / Einfach Bauen
Bad Aibling, DE, 2019–2026

21
Hermann Kaufmann Architekten
Schwarzach, AT
TUM Forschungsstation Friedrich N. Schwarz
Berchtesgaden, DE, 2019

22
Kaden+
Berlin, DE
Globe
Coburg, DE, 2020–2023

23
heri & salli
Vienna, AT
Forum am Seebogen
Vienna, AT, 2018–2022

24
Brandlhuber + Emde, Burlon
Berlin, DE
Antivilla
Potsdam, DE, 2010–2015

25
Studio Bua
London, GB
Hlöðuberg
Skarðsströnd, IS, 2021

26
Architecten Jan de Vylder Inge Vinck
Ghent, BE
House Rot-Ellen-Berg
Braives, BE, 2011

27
Littoral
Bordeaux, FR
Fieffe
Bordeaux, FR, 2023

28
Kulturzentrum Brotfabrik
Bonn, DE
Nachhaltiges Kulturzentrum Brotfabrik
Bonn, DE

29
smartvoll
Vienna, AT
Quartier Autopalast
Salzburg, AT, 2024–2026

30
MVRDV
Rotterdam, NL
The Pyramid of Tirana
Tirana, AL, 2023

31
Lacaton & Vassal Architectes
Montreuil, FR
Transformation de 530 logements
Bordeaux, FR, 2017

32
51N4E
Brussels, BE
ZIN
Brussels, BE, 2020

33
Avanto Architects
Helsinki, FI
Löyly
Helsinki, FI, 2011–2016

34
City of Gothenburg
Gothenburg, SE /
raumlaborberlin
Berlin, DE
Frihamnen
Gothenburg, SE, 2013–ongoing

35
Ajuntament de Barcelona
Plaça de les Glòries Catalanes
Barcelona, ES, 2000–ongoing

36
Ajuntament de Barcelona
Superblocks
Barcelona, ES, 2017–ongoing

37
gaupenraub+/-
Vienna, AT
VinziRast am Land
Alland, AT, 2023

38
Arturo Franco
Madrid, ES
Matadero 8B
Madrid, ES, 2009

39
Superuse Studios
Rotterdam, NL
Grondstoffenstation
Rotterdam, NL, 2023

40
IDRV Institute of Design Research Vienna
Vienna, AT
Circular Design Rules
Vienna, AT, 2021–ongoing

41
Overtreders W & bureau SLA
Zaandam, NL
Hester van Dijk, Reinder Bakker, Peter van Assche
People's Pavilion
Eindhoven, NL, 2017

42
Karlsruhe Institute of Technology
KIT, Dirk E. Hebel & Werner Sobek
Urban Mining and Recycling (UMAR) Experimental Unit
Dübendorf, CH, 2018

43
Marjan van Aubel Studio
Amsterdam, NL
The Interactive Sun
Amsterdam, NL, 2021–2025

44
Julia Lohmann
Helsinki, FI
Hidaka Ohmu
Davos, CH, 2020

45
ecoLogicStudio
Claudia Pasquero & Marco Poletto
London/Turin, GB/IT
Tree.ONE
Chengdu, CN, 2022

46
ecoLogicStudio
Claudia Pasquero & Marco Poletto
London/Turin, GB/IT
Bio.Lab

47
Aléa
Miriam Josi & Stella Lee Prowse
Montreuil, FR
Dirty Chair N.1 / Dirty Chair N.5
2021–ongoing

48
MY-CO-X Collective
Sven Pfeiffer, HS Bochum & Vera Meyer
TU Berlin, DE
MY-CO SPACE, tinyBE Living in a Sculpture
Frankfurt am Main, DE, 2021

49
University of Stuttgart
Cluster of Excellence: "IntCDC – Integrative Computational Design and Construction for Architecture", ICD, Achim Menges & ITKE, Jan Knippers
DE
University of Freiburg
Cluster of Excellence: "LivMatS – Living, Adaptive and Energy-autonomous Materials Systems"
DE
livMatS Biomimetic Shell
Freiburg im Breisgau, DE, 2023

50
University of Stuttgart
Cluster of Excellence: "IntCDC – Integrative Computational Design and Construction for Architecture", ICD, Achim Menges & ITKE, Jan Knippers
DE
Hybrid Flax Pavilion
Wangen im Allgäu, DE, 2024

51
University of Stuttgart
Cluster of Excellence: "IntCDC – Integrative Computational Design and Construction for Architecture", ICD, Achim Menges & ITKE, Jan Knippers
DE
Wangen Tower
Wangen im Allgäu, DE, 2024

52
Humboldt University of Berlin
Cluster of Excellence: "Matters of Activity. Image Space Material"
DE
Architectural Yarns / Structural Textiles
Berlin, DE, 2025

Prototyping & Design:
Architectural Yarns:
Maxie Schneider, Alexandra Chrampanis, Iva Rešetar, Maja Avnat, Jasmin Sermonet, Christiane Sauer
Structural Textiles:
Natalija Miodragović with Nelli Singer, Daniel Suárez, Dimitra Almpani-Lekka, Bertram Schmidt, Vera Meyer, Christiane Sauer

53
Folkwang University of the Arts, Essen, DE
SBYD (Sustainability by Design, Bio Lab), Johanna Schmeer, Tom Baffi, Katharina Herbrich; Paulina Heidlberger; Wiebke Antonia Laumann, Maximilian Moritz Müller, Zeynep Deliömeroğlu, Lars Feller, Riccarda Gumbinger, Maja Kaiser, Nadja Schlepper, Ilai Lorenz, Xenia Martin, Marzieh Mokhtari Bagkomeh, Jonas Krämer, Gunilla Piltz, Julius Schnettger, Lilli Seiler, Yifei Shi
Recipes – Rezepte zur Herstellung biobasierter Materialien
Essen, DE, 2024–ongoing

54
New European Bauhaus
Brussels, BE
Beautiful, Sustainable, Together: New European Bauhaus Project Highlights

Project Directory

55
Myvillages
International Stichting Myvillages
Rotterdam NL
Wapke Feenstra & Kathrin Böhm
Rotterdam, NL
Rural Undercurrents
2003–ongoing

56
House Europe! NGO
Berlin, DE
Arno Brandlhuber & Olaf Grawert
HouseEurope! Power to Renovation,
Berlin, DE, 2025

57
Transform.NRW
Network/Verbund
transform.NRW,
Wuppertal Institut, Bergische Universität Wuppertal + 16 Partner*innen, gefördert vom Ministerium für Kultur und Wissenschaft des Landes Nordrhein-Westfalen.

58
Fuggerei
Augsburg, DE
Fuggerei NEXT500
Augsburg, DE, 2021

59
Bauhaus Erde
Berlin, DE
Bas Princen: ReBuilt. Bali, Bhutan
Berlin, DE, 2023–2025

Marjan van Aubel Studio
Amsterdam, NL
Current Window
2015
p. 25

Credits

© for the works of 51N4E; AHEC (American Hardwood Export Council) / Diez Office / OMC°C (Office for Micro Climate Cultivation); Ajuntament de Barcelona; Aléa Miriam Josi & Stella Lee Prowse; Architecten Jan de Vylder Inge Vinck; Avanto Architects; Bauhaus Erde; Brandlhuber + Emde, Burlon; City of Gothenburg, Gotenburg, SE / raumlaborberlin; DP6 architectuurstudio; ecoLogic-Studio Claudia Pasquero & Marco Poletto; Folkwang University of the Arts, Essen, DE SBYD (Sustainability by Design, Bio Lab), Johanna Schmeer; Arturo Franco; Fuggerei; gaupenraub+/-; Alexandra Daisy Ginsberg; heri & salli; Hermann Kaufmann Architekten; House Europe! NGO; Humboldt University of Berlin, Cluster of Excellence, DE Matters of Activity. Image Space Material; IDRV Institute of Design Research Vienna; Andrés Jaque / Office for Political Innovation (with Miguel Mesa del Castillo); Kaden+; Karlsruhe Institute of Technology KIT, Dirk E. Hebel & Werner Sobek, Kulturzentrum Brotfabrik; Lacaton & Vassal Architectes; Lehm Ton Erde Martin Rauch; Less Yellow / Florian Hertweck & Céline Zimmer; Littoral; Julia Lohmann; Marjan van Aubel Studio; mischer'traxler studio; MY-CO-X Collective Sven Pfeiffer, HS Bochum & Vera Meyer TU Berlin; Myvillages Wapke Feenstra & Kathrin Böhm; New European Bauhaus; OLA Office for Living Architecture Ferdinand Ludwig, Daniel Schönle, Jakob Rauscher; Overtreders W & bureau SLA; Philippe Rahm architectes; Powerhouse Company; Proarh; smartvoll; Studio Animal-Aided Design Thomas Hauck, Wolfgang W. Weisser; Studio Anna Heringer; Studio Bua, Studio Céline Baumann; Superuse Studio; Technical University of Munich Florian Nagler; Transform.NRW; University of Stuttgart Cluster of Excellence IntCDC – Integrative Computational Design and Construction for Architecture ICD, Achim Menges & ITKE, Jan Knippers LivMatS – Living, Adaptive and Energy-autonomous Materials Systems, Albert-Ludwigs-University of Freiburg; Willemsen*U*: the architects, designers, artists

© for the works of Filip Dujardin, Philippe De Gobert, MVRDV, Erica Overmeer: VG Bild-Kunst, Bonn 2025

Photo Credits

Courtesy 51N4E pp. 104, 105 below left

Ajuntament de Barcelona pp. 110 below, 111–113; photo: Àlex Losada p. 110 centre left; photo: Clara Soler Chopo p. 110 centre right

Aléa Miriam Josi & Stella Lee Prowse pp. 146–147

Arch-Exist pp. 140–141, 142 above

Archmospheres.com p. 106 below

ARGE ROM: Studio Céline Baumann (landscape architecture) + Weyell Zipse (architecture), with Martin Frei (ecology) & Knopp + Kniel (cultural management) p. 53

Matthias Bank pp. 98 above right, 99 above and below

Céline Baumann p. 52

Miljenko Bernfest pp. 72 above, 73 above

Cyril Boixel p. 167 below

Zooey Braun pp. 130, 131 above

Maxime Delvaux, Courtesy 51N4E p. 105 above and below right

dform for Transform.NRW p. 169

Ossip van Duivenbode pp. 100–101

Filip Dujardin pp. 92–93, 129 below

ecoLogicStudio pp. 142 below, 143 above

Julius Eirund, tinyBE p. 148 below

David Ertl, 2025 © Kunst- und Ausstellungshalle der Bundesrepublik Deutschland GmbH pp. 16–19

Rob van Esch | Architectuurfotograaf pp. 60–61

Damir Fabijanić pp. 72 below, 73 below

Wapke Feenstra pp. 166 below, 167 above

Matt Flynn p. 48 above

Future Documentation pp. 88–89

Gabrical p. 67

gaupenraub+/- pp. 118–119

Philippe De Gobert. Courtesy Bozar and Alexandra Daisy Ginsberg Ltd. p. 50

Wolfgang Günzler, tinyBE pp. 148 above, 149

Roland Halbe pp. 151 centre right, 155

Lukas Hamilcaro p. 108

Frank Hanswijk p. 123

Happy Visuals p. 109 above

Cecilia Helsing p. 109 below

heri & salli p. 84

ICD/ITKE/IntCDC University of Stuttgart pp. 150, 151 above, centre left, below, 152, 153, 154

IDRV Institute of Design Research Vienna p. 124

Marcel IJzerman pp. 38–39

Sophie Jahnke, Rupert Schelle, TU München p. 57

Andrés Jaque / Office for Political Innovation p. 70 below; photo: José Hevia pp. 70 above, 71
Andrés Jaque / Office for Political Innovation + Miguel Mesa del Castillo pp. 34 below, 35 below right; photo: José Hevia pp. 34 above, 35 above and below left

Oliver Killig p. 49 below

Bruno Klomfar pp. 80–81

Katharina Kohlroser p. 66 below

Photo: Sebastian Kolm, Architecture Office: Eichhorn+Partner Architekten mbB / Kaden+ (former Kaden & Lager) p. 83

Petr Krejčí courtesy of the American Hardwood Export Council (AHEC) pp. 30–31

Dominik-Antoni Krolikowski pp. 158–159

kuvio.com pp. 106 above and centre, 107

Veit Landwehr pp. 36, 37 above

Less Yellow p. 37 below

www.littoral.archi pp. 94–95

Hanno Mackowitz pp. 64–65

Marjan van Aubel Studio and Amy Gwatkin pp. 25, 135; and Britt Berden p. 134 above; and Nadja Schlenker p. 134 below

Matters of Activity / Maja Avnat p. 156 centre; / Michelle Mantel p. 156 left; / Jasmin Sermonet p. 157 above; / Nelli Singer p. 157 below

Eckhart Matthäus p. 173

Max-Planck-Institut für Kolloid- und Grenzflächenforschung / Maxie Schneider p. 156 right

Jennifer Merten pp. 96 above, 97 below left

Photo: Norbert Miguletz, © Frankfurter Kunstverein, Courtesy Julia Lohmann Studio p. 137

mischer'traxler studio pp. 48 below, 49 above

MVRDV pp. 40–41, 172

New European Bauhaus, European Commission © licensed to European Commission pp. 162–165

OLA Office for Living Architecture pp. 58, 59 above left, centre; photo: Ferdinando Iannone p. 59 above right, below

Overtreders W & bureau SLA p. 128 left column

paul ott fotografiert p. 85

Philippe Rahm architectes pp. 26–27

Carlos Piñar pp. 120–121

The Pk. Odessa Co / Sebastian Schels, Markus Lanz pp. 76–77

Bas Princen, 2024 pp. 174–175

Photo: Mikko Raskinen, © Aalto University, Helsinki, Courtesy Julia Lohmann Studio p. 136

Edgar Rodtmann p. 168

Philippe Ruault p. 103

ScagliolaBrakkee pp. 74–75

Serpentine and LAS editions, © Alexandra Daisy Ginsberg Ltd. Courtesy the artist p. 51

smartvoll Architekten pp. 98 above left, centre and below, 99 centre

Studio Anna Heringer p. 66 above and centre

Superuse p. 122

Synthetic Landscape Lab p. 143 below

Marino Thorlacius pp. 90–91

TriqBriq, edited by Institute of Design Research Vienna p. 125

Guido Vaněk-Preuß pp. 96 below, 97 above, below right

Jeroen van der Wielen pp. 128 right column, 129 above

Stephen White p. 166 above

Wojciech Zawarski p. 131 below

Thanks to the Partners

New European Bauhaus

TRANS FORM. NRW

Wuppertal Institut

BERGISCHE UNIVERSITÄT WUPPERTAL

Thanks to the Special Lenders for *Vert*

Initiated by

AMERICAN HARDWOOD EXPORT COUNCIL

Designed by

DIEZ OFFICE

and

OMC°C

Manufactured by

n'H International

Engineered by

Neue Holzbau and Bollinger+Grohmann

Originally created for the

London Design Festival

Authors

Céline Baumann
Artist and Landscape Architect
Künstlerin und Landschaftsarchitektin
54–55
Learning from Plants
Von Pflanzen lernen

Stefan Diez
Designer and Founder Diez Office
Designer und Gründer Diez Office
32–33
On the Design of Places Centred on City Dwellers
Zur Gestaltung stadtbewohnerzentrierter Orte

Martina Fineder
Professor of Design Theory and Design Research, University of Wuppertal; Consultant to *WEtransFORM*
Professorin für Designtheorie und Designforschung, Bergische Universität Wuppertal; Beraterin *WEtransFORM*
22–24
Socio-Ecological Tendencies in Design
Sozialökologische Tendenzen im Design

Olaf Grawert
Co-Initiator and Campaign Manager HouseEurope!
Mitinitiator und Kampagnenleiter HouseEurope!
170–171
HouseEurope! Conversion Instead of New Construction
HouseEurope! Umbau statt Neubau!

Harald Gruendl
Founder IDRV and Designer
Gründer IDRV und Designer
126–127
Responsible Design Is Informed Design
Verantwortungsvolles Design ist informiertes Design

Anna Heringer
Architect
Architektin
68–69
A Plea for Building with Loam
Ein Plädoyer für den Lehmbau

Angela Kesselring
Founder and Managing Director, Futures Being Made; Consultant to *WEtransFORM*
Gründerin und Geschäftsführerin Futures Being Made; Beraterin *WEtransFORM*
176–177
Communication Is the Key to Everything
Kommunikation ist der Schlüssel zu allem

Jan Knikker
Partner MVRDV Exhibition Architects for *WEtransFORM*
Partner MVRDV Ausstellungsarchitekt*innen *WEtransFORM*
178–179
A Kind of Carbon Diet
Eine Art Kohlenstoff-Diät

Eva Kraus
Director of the Bundeskunsthalle and Curator of *WEtransFORM*
Intendantin der Bundeskunsthalle und Kuratorin *WEtransFORM*
10–15
On the Future of Building
Zur Zukunft des Bauens

Christa Liedtke
Director, Sustainable Production and Consumption, Wuppertal Institute for Climate, Environment and Energy; Consultant to *WEtransFORM*
Abteilungsleiterin, Nachhaltiges Produzieren und Konsumieren, Wuppertal Institut für Klima, Umwelt und Energie; Beraterin *WEtransFORM*
20–21
Value Chains, Material Flows and Global Ecosystems
Wertschöpfungsketten, Stoffströme und globale Ökosysteme

Julia Lohmann
Professor of Contemporary Design, Aalto University, Helsinki
Professorin für Contemporary Design, Aalto-Universität, Helsinki
138–139
Hidaka Ohmu: Algae Between the Past and the Future
Hidaka Ohmu: Algen zwischen Vergangenheit und Zukunft

Florian Nagler
Architect
Architekt
78–79
"Einfach Bauen" and the Six Research Houses in Bad Aibling
„Einfach Bauen" und die sechs Forschungshäuser in Bad Aibling

Claudia Pasquero, Marco Poletto
Founders ecoLogicStudio
Gründer*innen ecoLogicStudio
144–145
Growing Architecture
Regenerative Architektur

Stephan Rammler
Independent Scientist and Author
Freier Wissenschaftler und Autor
42–44
On the Klimabauhaus and the Power of Climate-Futurological Narratives
Vom Klimabauhaus und der Macht klimafuturologischer Erzählungen

Sven Sappelt
Programme Curator, Focus on Discourse, Bundeskunsthalle and Curator of *WEtransFORM*
Programmkurator, Schwerpunkt Diskurs, Bundeskunsthalle und Kurator *WEtransFORM*
10–15
On the Future of Building
Zur Zukunft des Bauens

Mathieu Wellner
Architect and Mediator; Consultant to *WEtransFORM*
Architekt und Mediator; Berater *WEtransFORM*
114–115
In Dialogue with the Existing Stock
Im Dialog mit dem Bestand

The catalogue is published on the occasion of the exhibition *WEtransFORM: On the Future of Building*

6 June 2025 to 25 January 2026
Kunst- und Ausstellungshalle der Bundesrepublik Deutschland

EXHIBITION

Director
Eva Kraus

Managing Director
Oliver Hölken

Curators
Eva Kraus, Sven Sappelt

Consultancy
Martina Fineder
Angela Kesselring
Christa Liedtke
Mathieu Wellner

Exhibition Manager
Susanne Annen

Project Assistant
Josephine Herzig

Exhibition Design
MVRDV, Rotterdam

Kunst- und Ausstellungshalle der Bundesrepublik Deutschland GmbH
Helmut-Kohl-Allee 4
D-53113 Bonn
T +49 228 9171 0
www.bundeskunsthalle.de

Supported by

Die Beauftragte der Bundesregierung für Kultur und Medien

CATALOGUE

Editor
Kunst- und Ausstellungshalle der Bundesrepublik Deutschland

Authors in order of appearance
Eva Kraus
Sven Sappelt
Christa Liedtke
Martina Fineder
Stefan Diez
Stephan Rammler
Céline Baumann
Anna Heringer
Florian Nagler
Mathieu Wellner
Harald Gruendl
Julia Lohmann
Claudia Pasquero
Marco Poletto
Olaf Grawert
Angela Kesselring
Jan Knikker

Catalogue Coordination
Donatella Cacciola
Theresa Hartherz

Translation
Gérard A. Goodrow
(German — English)

Copyediting
Cecilia Tricker (English)
Maike Kleihauer (German)

Proofreading
Cecilia Tricker (English)
Maike Kleihauer (German)
David Kenzler

Image Rights Clearance
Eva Assenmacher

Design and Typesetting
Studio Yukiko

Cover Design
Studio Yukiko

Production
Susanne Rösler

Typefaces
Stadt by Public Type
RG Ciron by Raoul Gottschling

Paper
Circle Offset Premium White 140 g/m²
Luxocard 300 g/m²

Lithography
Bild1Druck, Berlin

Printed and bound
Graspo, Zlín

For questions about the General Product Safety Regulation please contact productsafety@degruyterbrill.com

Bibliographic information published by the Deutsche Nationalbibliothek: The Deutsche Nationalbibliothek lists this publication in the Deutsche Nationalbibliografie; detailed bibliographic data are available on the Internet at http://dnb.d-nb.de

jovis Verlag
Genthiner Straße 13
10785 Berlin

www.jovis.de

jovis books are available worldwide in select bookstores. Please contact your nearest bookseller or visit www.jovis.de for information concerning your local distribution

ISBN 978-3-98612-267-6

BUNDESKUNSTHALLE
THEME YEAR SUSTAINABILITY 2025

Experimente wagen!

Genügsamkeit üben!

Kreislä
optimie

Klima-
resilien
stärke